Das chinesische Liebeshoroskop

Derek Walters

Das chinesische Liebeshoroskop

Aus dem Englischen
von Katja Dienemann

Scherz

Übersetzt nach der englischsprachigen Originalausgabe «Chinese Love Signs»

Erste Auflage 1999

Premier House, 112 Station Road, Edgware HA8 7AQ, UK

Illustrationen: Caroline Rose
Einbandgestaltung: Zembsch' Werkstatt, München

Inhalt

Was für Menschen sind das, die Hals über Kopf
den Bund der Ehe eingehen, ohne Rücksicht
auf die Harmonien des Himmels?

Shijing, Buch I, IV, 7 (ca. 1000 v. Chr.)

Einführung

Die vielleicht wichtigste Entscheidung in unserem Leben ist die Wahl des Menschen, mit dem wir den Rest unseres Lebens verbringen möchten. Unsere Eltern, Geschwister oder Kinder können wir uns nicht aussuchen, wohl aber unseren Lebensgefährten.

Schon seit zahllosen Generationen wissen die Chinesen, daß ein hübsches Gesicht und Schönheit keine Garantie dafür sind, daß der betreffende Mensch auch ehrlich, treu und verantwortungsbewußt ist. Chinesische Eltern vertrauten auf die Weisheit der alten Astrologen und ließen sich bei der schwierigen Aufgabe, ihre Kinder gut zu verheiraten, von ihnen leiten.

Über Jahrhunderte beobachteten die Wahrsager den Himmel und die Bewegungen von Sonne, Mond und Sternen. Gleichzeitig hielten sie fest, was sich auf Erden ereignete. Sie stellten fest, daß jedes Jahr über besondere Merkmale verfügt, und bemerkten, daß auch die Persönlichkeiten der Menschen charakteristisch sind für das Jahr, in dem sie geboren wurden.

Das ist der Grund für den offensichtlichsten Unterschied zwischen der chinesischen Astrologie und den westlichen Systemen. Kennzeichnend für die chinesische Astrologie ist die Tatsache, daß sich das Tierzeichen eines Menschen nicht nach dem Monat richtet, in dem er geboren wurde, sondern nach dem Jahr – daher ist es für eine Chinesin auch so schwierig, hinsichtlich ihres Alters zu mogeln!

DIE ZWÖLF TIERE

Jedes chinesische Jahr trägt den Namen eines von zwölf Tieren. Es handelt sich um die Ratte, den Ochsen, den Tiger, den Hasen, den Drachen, die Schlange, das Pferd, den Affen, den Hahn, den Hund und das Schwein. Die Jahre verlaufen in Zyklen, so daß sich jedes Tierjahr alle zwölf Jahre wiederholt.

Unterschiedliche Übersetzungen der chinesischen Bezeichnungen sind möglich. Der chinesische Name des ersten Tierzeichens könnte beispielsweise auch mit Maus anstatt mit Ratte übersetzt werden, der des zweiten mit Büffel, und so weiter. Das liegt daran, daß die Wörter für diese Alternativen im Chinesischen identisch sind. Allerdings sollte man beim vierten Tierzeichen nie von Katze sprechen, wie es die Vietnamesen tun, da der Hase für die Chinesen eine besondere Bedeutung hat.

Es ist nicht bekannt, wann die Tierzeichen zum ersten Mal verwendet wurden oder woher sie stammen. Plötzlich, etwa im 7. Jahrhundert, tauchten die Tiernamen an weit auseinanderliegenden Orten auf. Zu dieser Zeit war der Buddhismus von Indien aus auf dem Vormarsch. Daher liegt es nahe, daß die Namen von buddhistischen Mönchen eingeführt wurden, vielleicht in der Absicht, den komplizierten chinesischen Kalender leichter verständlich zu machen.

Wer auch immer diese Namen einführte, hat offensichtlich eine glänzende Idee gehabt, denn diese zwölf Tiernamen waren plötzlich in aller Munde. Den Menschen stand nun ein einprägsames System zur Zählung der Jahre und zur Berechnung ihres Alters zur Verfügung – das eigene Tierzeichen ändert sich ja nie.

Dank der Tiernamen ergaben sich einfache Anhaltspunkte bezüglich der Grundsätze der chinesischen Astrologie. Durch den Vergleich der Tierzeichen erhielt man Hinweise darauf, was die nahe Zukunft bringen würde, und konnte feststellen, ob man zu einem Menschen paßte oder nicht.

WELCHE TIERZEICHEN PASSEN ZUEINANDER?

Zwei Menschen können einander lieben und trotzdem als Partner nicht geeignet sein. Eine der ältesten Legenden Chinas handelt von so einem Paar – einem Viehhirten und einer Weberin. Die beiden waren derart vernarrt ineinander, daß die Weberin Schiffchen und Webstuhl verließ und der Viehhirte seine Herde vernachlässigte. Ihre Eltern trennten sie daher und erlaubten ihnen lediglich ein Treffen pro Jahr. Bis heute, so heißt es, sind Hirte und Weberin als Sterne am nächtlichen Himmel zu sehen, die durch den Himmelsfluß – die Milchstraße – getrennt sind.

Natürlich gibt es unterschiedliche Arten von Liebe. Zwei Menschen können die perfekten Gefährten sein und große Zuneigung füreinander empfinden, aber es fehlt die Magie, die sie unzertrennlich macht. Oder eine Beziehung ist von großer Leidenschaft geprägt, aber die beiden sind sich in jeder anderen Hinsicht so unähnlich, daß sie von früh bis spät miteinander streiten.

Ein professioneller chinesischer Astrologe verwendet ein Schaubild, auf dem die zwölf Zeichen im Uhrzeigersinn abgebildet sind. Die Tiere, die zwei oder vier Stunden auseinander liegen, gelten als zueinander passend, diejenigen, bei denen die Differenz drei oder sechs Stunden beträgt, als nicht passend. Ein kurzer Blick auf das nachfolgende Schaubild sollte genügen, um Sie erkennen zu lassen, ob Ihr Tierzeichen zu dem eines Menschen paßt, der Ihnen am Herzen liegt.

Wenn Sie nach dem 20. Februar Geburtstag haben, verwenden Sie bitte die allgemeine Tabelle auf Seite 108, um Ihr Tierzeichen zu bestimmen. Sie können diese Tabelle auch benutzen, wenn Sie vor dem 20. Januar geboren wurden, aber dann ist das Tierkreiszeichen des Jahres *vor* ihrem Geburtsjahr ausschlaggebend. Wenn Sie zwischen dem 20. Januar und dem 20. Februar Geburtstag haben, ziehen Sie bitte die spezielle Tabelle auf Seite 109 zu Rate. So können Sie herausfinden, auf welches Datum das bewegliche chinesische Neujahr im jeweiligen Jahr fällt.

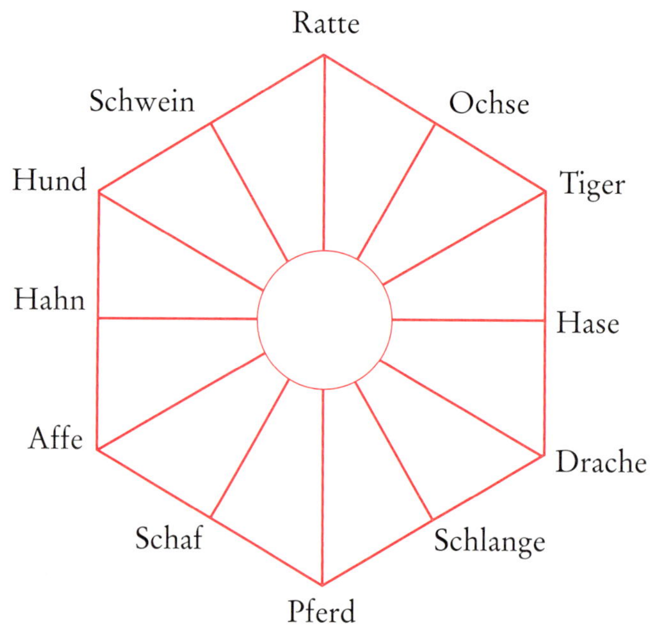

Was aber können Sie tun, wenn Sie und der Mensch, dem Sie Ihr Herz geschenkt haben, anscheinend nicht zueinander passen? Häufig fungiert eine dritte Person – etwa ein Kind – als Bindeglied, das die Familie zusammenschweißt. Angenommen, die Partner sind im Jahr des Hasen bzw. des Hahns geboren; diese Tiere stehen einander im astrologischen Schaubild direkt gegenüber. Ein Kind, das im Jahr des Schafs, des Schweins, der Schlange oder des Ochsen geboren wird, paßt zu beiden Elternteilen und könnte dadurch zu einer Stabilisierung der familiären Beziehungen beitragen.

In jedem Fall gewähren die Tierzeichen einen tieferen Einblick in eine Beziehung. Wenn zwei erst spät entdekken, daß zwischen ihren Einstellungen und Gefühlen erhebliche Unterschiede bestehen, gibt es immer noch die Möglichkeit, die trennenden Aspekte zu identifizieren und damit umgehen zu lernen.

Vielleicht ist einer der Partner ein Ratten-Geborener, der gerne Kopfarbeit leistet und den schwierige Rätsel faszinieren; der andere ist vielleicht ein geselliges Pferd, das sich am liebsten unter freiem Himmel aufhält. Die beiden müssen herausfinden, wann sie zuammensein und wann sie getrennt etwas unternehmen sollten. Das Pferd muß erkennen, daß die Ratte Zeit zum Nachdenken und zur Konzentration braucht, während die Ratte Verständnis dafür haben sollte, daß das Pferd sich nicht gerne einsperren läßt. Wichtig ist auch, daß die Ratte erkennt, daß dieses Verlangen nach Freiraum nichts mit Ablehnung zu tun hat.

ARTEN DER LIEBE

Wenn man von der Vereinbarkeit verschiedener Tierzeichen spricht, meint man gewöhnlich Liebespartner; aber Harmonie oder Disharmonie können in allen Arten persönlicher Beziehungen zum Ausdruck kommen. Manchmal bestehen zwischen Familienmitgliedern enge Bande der Liebe, und dennoch kann es der einen oder der anderen Seite völlig an Verständnis mangeln. Das führt häufig zu schweren Zerwürfnissen. Wie viele tragische Generationskonflikte hat es wohl schon gegeben?

Die Charakterbilder der zwölf Tierzeichen können Eltern wertvollen Aufschluß über die Persönlichkeit ihrer Kinder geben. So besitzt ein Kind, das im Jahr des Affen geboren ist, vielleicht ein kreatives Potential, das von dem autoritären Tiger-Elternteil nicht erkannt wird. Da es seinen Talenten nicht auf positive Weise Ausdruck verleihen kann, wird das Kind womöglich mürrisch und frustriert. Vielleicht erkennt ein Drachen-Elternteil nicht das für das Hunde-Kind typische Bedürfnis nach Anleitung und Führung und bringt das Kind unbewußt dazu, mißmutig und rebellisch zu werden.

Durch den Vergleich ihrer eigenen Tierzeichen mit denen ihrer Kinder können Eltern sich darauf vorbereiten, die Kluft zwischen den Generationen zu überbrükken. Sie gewinnen dadurch Erkenntnisse über Dinge, die später Probleme verursachen könnten. Wenn wir unser eigenes Tierzeichen mit denen unserer Freunde und Bekannten vergleichen, finden wir vielleicht plötzlich Erklärungen für bestimmte Verhaltensweisen dieser Menschen, die uns vorher ein Rätsel waren.

Unsere Klassenkameraden haben normalerweise dasselbe Geburtszeichen wie wir oder das Tierzeichen direkt vor oder nach unserem. Erwiesenermaßen sind die Beziehungen zwischen zwei Zeichen, die direkt aufeinanderfolgen, am dauerhaftesten: Ratte und Ochse, Tiger und Hase, Drache und Schlange, Pferd und Schaf, Affe und Hahn, Hund und Schwein.

HOCHZEITSBRÄUCHE

Der erste Schritt zur Anbahnung einer Ehe wurde stets von den Eltern des Bräutigams getan. Unabhängig davon, ob sie ein bestimmtes Mädchen im Sinn hatten oder nicht, beauftragten sie zunächst einen Heiratsvermittler oder einen Mittelsmann mit der Übergabe eines symbolischen Geschenks – normalerweise einer Gans – und einer roten Karte an die Eltern der Braut in spe. Auf dieser Karte standen der Name des Mannes und acht chinesische Schriftzeichen – die wichtigsten Daten seines Horoskops. Die Eltern des Mädchens hatten dann Gelegenheit, diskret Auskünfte einzuholen. Wenn sie das Angebot für erwägenswert hielten, sandten sie ebenfalls eine rote Karte an die Eltern des Mannes. Mit Hilfe des Mittelsmanns besprachen dann beide Seiten die Ehebedingungen. Nachdem eine Einigung erzielt worden war, wurden Geschenke ausgetauscht. Man machte sich Gedanken über den Hochzeitstermin, und auch dabei wurde ein Astrologe zu Rate gezogen.

Am Hochzeitstag begab sich eine Abordnung der Familie des Bräutigams zu dem Haus der Braut, um sie dann in großer Gala zum Elternhaus des Bräutigams zu führen. Das Hochzeitskleid hatte die traditionelle rote Farbe. Rot galt als glückbringend, Weiß dagegen als unglückverheißend, da die Chinesen diese Farbe bei Beerdigungen tragen. Jetzt war es an der Braut, sich von ihrer Familie loszusagen, indem sie den Ahnen des Bräutigams ihre Ehrerbietung erwies. Durch die abschließende Teezeremonie gab sie allen Gästen gegenüber zu erkennen, daß sie eine verheiratete Frau war.

Zu Beginn jedes der zwölf Abschnitte dieses Buches finden Sie eine Erzählung, die das typische astrologische Bild der jeweiligen Tierpersönlichkeit verdeutlicht und zeigt, welcher Partner am besten dazu paßt. Dies geschieht auf verschiedenste Weise. Die Geschichte vom Tiger beispielsweise handelt von Autorität, in der Geschichte vom Pferd geht es um den Geschlechterkampf, und Thema der Geschichte vom Schwein sind das Heim und Familienangelegenheiten.

Dieses Buch kann zwar nicht den perfekten Partner für Sie finden, aber es wird Ihnen auf alle Fälle dabei helfen, Ihre Aussichten besser beurteilen zu können, oder, sollte sich herausstellen, daß Sie und Ihr Partner nicht unbedingt zueinander passen, größeres Verständnis füreinander zu entwickeln.

Die Titel der Geschichten

Die Titel der zwölf Erzählungen in diesem Buch sind chinesischen Sprichwörtern und traditionellen Wendungen entlehnt. Im folgenden wird die jeweilige Bedeutung kurz erklärt.

1. Die Ratte
Vergossenes Wasser kommt nur schwer in den Krug zurück
Diese Redensart betont die Unwiderruflichkeit des Schicksals.

2. Der Ochse
Echtes Gold fürchtet keinen Ofen
Tugenden – hier mit echtem Gold verglichen – sollten nach altem chinesischen Glauben stark genug sein, jede noch so schwere Prüfung zu bestehen.

3. Der Tiger
Ein ungebetener Gast
Diese aus dem *I Ging* übernommene Formulierung bezieht sich auf eine unvorhergesehene Wendung, die sich nach der überraschenden Ankunft einer Person vollzieht.

4. Der Hase
Kalte Asche fängt Feuer
Als der Hofastrologe Sima Qian (145–86 v. Chr.) diese Wendung zum erstenmal benutzte, meinte er damit die Wiederaufnahme eines aufgegebenen Plans.

5. Der Drache
Stimme die Saite neu, ändere die Richtung
Man kann sein Leben vollkommen verändern, wenn man sich ein besonderes Talent zunutze macht.

6. Die Schlange
Zuviel Zeremoniell verbirgt Betrug
Das strenge höfische Zeremoniell im alten China diente häufig korrupten Beamten als Schutz – daher diese Wendung.

7. Das Pferd
Wer ist der Mann und wer die Frau?
Die Chinesen verwenden diesen Satz manchmal als Spöttelei, wenn das Stereotyp vom «starken» Mann und der «schwachen» Frau nicht mehr greift.

8. Das Schaf
Ein zerbrochener Spiegel wird zusammengefügt
Dieses einfache Bild – zwei Hälften werden wieder ein Ganzes – bezieht sich auf die Wiedervereinigung zweier Liebender.

9. Der Affe
Fließendes Wasser steht niemals still
Nach Auffassung der Chinesen machen Menschen mit einem wachen Geist ständig neue Erfahrungen.

10. Der Hahn
Wasser in einem alten Brunnen kräuselt sich
Hier wurde eine alte Redensart umgekehrt. Ein Dichter der Tang-Dynastie, Meng Jiao (751–814), war der Auffassung: «Wasser in einem alten Brunnen kräuselt sich nicht.» Wie diese Geschichte jedoch zeigt, irrte er sich. Leidenschaft entsteht nämlich sehr wohl auch im reiferen Alter.

11. Der Hund
Auf der Suche nach einem Pferd ein Pferd reiten
Manchmal sieht man den Gegenstand oder den Menschen, den man sucht, nicht, obwohl man direkt vor ihm steht.

12. Das Schwein
Der Bau eines neuen Ofens
Diese Wendung steht für den Beginn eines neuen Lebens, wie es bei einer Braut, die in ihr neues Heim zieht, der Fall ist.

KAPITEL EINS

DIE RATTE

Vergossenes Wasser kommt nur schwer in den Krug zurück

Die weiten Felder funkelten weiß im winterlichen Sonnenschein. Drei dick in gefütterte Jacken und Filzstiefel eingepackte Bauernmädchen stapften zu dem Bauernhaus, aus dem eine tadelnde Stimme ertönte: «Was treibt ihr denn da, Lei? Kommt sofort raus aus der Kälte! Und wo ist die Hirse?»
«Alles fertig, Mutter», antwortete Lei. «Wir haben nur versucht, etwas Farbe in unsere Gesichter zu bekommen.»
«Und was für eine Farbe soll das sein? Blau, euren Gesichtern nach zu urteilen. Kommt jetzt herein, Kinder, ihr müßt euch aufwärmen.»

Leis Freundinnen – Nali und Fo-tien – kamen der Aufforderung nur zu gerne nach. Leis Mutter reichte ihrer Tochter eine Schüssel mit heißer Brühe.
«Gib sie den Mädchen, Lei. Und wenn sie fertig sind, kannst du Chia bitten, sie nach Hause zu begleiten.»
Nali und Fo-tien begannen sofort, heftig zu kichern. Sie schienen über einen Witz zu lachen, den nur sie verstanden.

Leis Vater schaute auf und betrachtete sie amüsiert: «Worum geht es denn? Ihr klingt ja wie ein Haufen Mäuse.»
«Wir sind ja auch kleine Mäuse», lachte Nali, «wir wurden alle im Jahr der Ratte geboren und arbeiten in der Scheune.»
«Dann», sagte Leis Mutter, «wird Chia ja gut bei euch aufgehoben sein.»

«Ihr müßt nämlich wissen, daß er im Jahr des Hahns geboren wurde und daher völlig ungeeignet ist für jede Ratte oder Maus.»

Einen Augenblick lang starrte Nali Leis Mutter verwundert an. Sie war zu verlegen, um ihr zu widersprechen. Ihre Gefährtin Fo-tien errötete und verbarg ihr Gesicht in ihrem Ärmel.

Leis Bruder Chia zog sich seinen Mantel über und brummelte: «Wir gehen besser sofort los. Es wird bald dunkel.»

Bevor sie aufbrachen, nahm Nali Lei zur Seite und fragte: «Wen von uns mag dein Bruder lieber?»

Lei blickte über ihre Schulter, als wolle sie sich vergewissern, daß niemand sie hören konnte. Dann sagte sie: «Er mag euch beide.»

Draußen warf Nali Fo-tien einen verschwörerischen Blick zu. «Er mag mich lieber», flüsterte sie. «Du wirst schon sehen.» Obwohl sie im gleichen Alter waren, war Nali wesentlich entschlossener und wollte stets ihren Willen durchsetzen. Fo-tien empfand eine seltsame Beunruhigung, die ihr noch mehr zu schaffen machte als der schneidende, eisige Wind.

Nali war davon ausgegangen, daß der Rückweg ein gemütlicher Spaziergang werden würde. Aber ihre Hoffnung erfüllte sich nicht. Chia stiefelte zügig durch den Schnee, und die Mädchen mußten sich anstrengen, um nicht zurückzufallen. «Nicht so schnell, Chia», rief Nali. «Mir tun schon die Beine weh. Es dauert doch noch lange, bis es dunkel wird.»

Chia hielt einen Moment inne und schaute Nali durchdringend an. «Wir müssen uns beeilen. Wir dürfen nicht zu spät kommen.» Er nahm sie an der Hand, und seine Unrast übertrug sich auf Nali. Sie erwiderte nichts, sondern beschleunigte ihren Schritt. Fo-tien biß die Zähne zusammen und stolperte hinterdrein.

Sie erreichten Fo-tiens Haus viel früher als erwartet – zur großen Freude ihrer Eltern. Aber Chia und Nali lehnten die Einladung zu einem heißen Tee mit der Begründung ab, daß Nali nach Hause wolle. Fo-tien winkte ihnen schweigend nach.

Lange saß Fo-tien am Fenster und starrte hinaus auf die kahlen Felder. Eigentlich hätte sie Nali und Chia in der Ferne auf dem Weg zu Nalis Haus sehen müssen, aber sie waren nirgends zu entdecken. Sie fiel in einen unruhigen Schlaf. Plötzlich wurde sie vom Geräusch knirschenden Schnees aufgeweckt und sah, wie sich zwei Gestalten aus dem Stall stahlen und in der Dunkelheit verschwanden.

Als ihr die Bedeutung dessen, was sie gesehen hatte, aufging, schluchzte sie in ihr Kissen und ballte die Fäuste.

Fo-tien hatte über eine Stunde wach gelegen, als plötzlich ein anderes Geräusch zu hören war. Fo-tien erstarrte. Es war lediglich ein Flüstern, aber für Fo-tien klang es so ohrenbetäubend wie ein Donnerschlag.

«Fo-tien! Ich bin es.»

Chias Stimme erfüllte sie mit Entsetzen und Verzückung zugleich. Ihr Herz schlug so heftig, daß sie davon überzeugt war, das Geräusch werde ihren Vater aufwecken. Sie warf sich ihre Jacke um die Schultern und ging hinaus.

Chias Vater schaute seinen Sohn an. «Du hast dir diesen Schlamassel selbst eingebrockt.» Chia zuckte zusammen, als seine Schwester einen weiteren heißen, nassen

Umschlag auf sein Gesicht legte. Die Prügel, die er von einem von Fo-tiens Brüdern bezogen hatte, waren heftig gewesen. «Du kannst nicht beide heiraten», sagte sein Vater, «aber du wirst eine heiraten müssen. Am besten Nali. Ihre Familie besitzt mehr Land. Ich fürchte, wir werden uns um das andere Mädchen und sein Kind kümmern müssen. Gott sei Dank ist deine Schwester vernünftiger und will erst heiraten und dann Kinder bekommen. Also Lei, du hast da einen netten jungen Anwärter. Laß ihn nicht zu lange warten.» Lei bedankte sich scheu für das Kompliment ihres Vaters, küßte ihren Bruder sanft und ging hinaus auf den Hof.

Jen-tang hatte ihr ein weiteres Geschenk mitgebracht – eine winzige Schnupftabakdose, in die eine Maus und ein Affe gemeißelt waren, die über ein Bananenblatt kletterten. Es war eine wundervolle Arbeit, die er selbst angefertigt hatte. «Die Maus, das bist du – und ich bin der Affe», erklärte er.

«Jen-tang, das ist wunderschön. Du bist so geschickt. Warum vergeudest du dein Talent und arbeitest auf dem Hof?»

«Wenn du bei mir wärst und mich inspirieren würdest, könnten wir vielleicht ein Geschäft in der Stadt aufmachen und meine Arbeiten verkaufen.» «Das fände ich sehr schön», antwortete sie, «vorausgesetzt, wir verkaufen nie dieses Geschenk.»

Die Dinge nahmen mehr oder weniger den von Leis Vater erwarteten Gang. Lei war glücklich mit Jen-tang verheiratet. Sie brachten es auch zu Wohlstand, denn Jentangs Miniaturen wurden schnell zu hochbezahlten Sammlerstücken.

Leis Bruder Chia dagegen war unzufrieden in seiner Ehe mit Nali und ließ den Hof verwahrlosen. Fo-tien hatte einen Sohn zur Welt gebracht und sich trotz des Angebots von Chias Vater, Wiedergutmachung zu leisten, entschieden, bei ihrer Familie zu bleiben. Sie erhielt viele Heiratsanträge, lehnte aber alle ab.

Eines Tages, als sie gerade Wasser zum Haus trug, vernahm sie eine vertraute Stimme.

«Fo-tien! Ich bin es, Chia!»

Sie ließ den Krug fallen. Er zerbrach, und das Wasser floß auf den ausgetrockneten Boden.

«Fo-tien, ich brauche dich! Komm mit mir. Ich habe Nali verlassen. Ich weiß, daß du mich liebst, sonst hättest du inzwischen schon längst geheiratet.»

Fo-tien hob die Scherben auf, um sie Chia zu reichen. Als er die Bedeutung des zerbrochenen Kruges und des vergossenen Wassers erkannte, stieß er einen Schrei der Verzweiflung aus, warf die Scherben auf den Boden und ging.

Als er weg war, drehte sich Fo-tien um und ging zum Haus zurück.

«Wir brauchen einen neuen Krug, Vater.»

Der alte Mann brummte zustimmend.

«Ich habe nachgedacht, Vater. Der Heiratsvermittler, den du erwähnt hast...»

Ihr Vater schaute sie erwartungsvoll an.

«Wenn er das nächste Mal vorbeikommt», meinte Fo-tien, «sag ihm..., sag ihm... nichts.»

Die Persönlichkeit der Ratte

Daß die Ratte bzw. die Maus – im Chinesischen wird dieselbe Bezeichnung für beide verwendet – den chinesischen Tierkreis anführt, mag merkwürdig erscheinen, aber es ist die richtige Wahl, denn die Persönlichkeit der Ratte ist äußerst vielschichtig. Da die Ratte zwar ehrgeizig ist, aber gleichzeitig Angst davor hat, für anmaßend gehalten zu werden, kann es sein, daß ihre einzigartigen Talente brachliegen. Wenn Ratten-Geborene das Glück haben, sich früh im Leben in den richtigen Kreisen zu bewegen, dann können sie recht schnell eine Gruppe von Bewunderern um sich scharen, die ihr Selbstvertrauen stärkt. Wenn ihnen aber im entscheidenden Moment kein fähiger Partner zur Seite steht, kann es vorkommen, daß sie sich abkapseln und den Mut verlieren.

Ratten-Geborene haben einen wachen und kreativen Geist, und sie lieben es, neue Entwicklungen in die Wege zu leiten. Aber es liegt ihnen überhaupt nicht, Angefangenes zu Ende zu bringen. Kaum haben sie ein Vorhaben begonnen, steht ihnen der Sinn schon wieder nach etwas Neuem.

Häufig fällen andere Menschen sehr schnell ein Urteil über die Ratte – im positiven oder im negativen Sinn. Das liegt an dem Bedürfnis der Ratte, die Dinge voranzutreiben und andere zu einem bestimmten Ziel hinzuführen, sei es ihnen nun recht oder nicht.

Ratten-Geborene sind häufig philosophisch veranlagt und interessieren sich für seltsame Themen. Ihr Vorrat an nutzlosen Informationen ist schier unerschöpflich, und sie beschäftigen sich gerne mit Kreuzworträtseln und verzwickten Rechenaufgaben. Seltsamerweise schlägt sich ihre Fähigkeit, mit Worten und Zahlen zu jonglieren, nicht in den praktischen Aspekten des Alltags nieder. Sie sollten gut haushalten können, doch häufig sparen sie monatelang, um dann ihr Geld mit vollen Händen auszugeben, ohne sich über die Folgen Gedanken zu machen.

Die alten chinesischen Astrologen wählten die Ratte, um die mitternächtliche Stunde darzustellen. Viele Ratten-Geborene wachen zu vorgerückter Stunde plötzlich auf, was für die Partner von Ratten-Geborenen ein aufregendes Liebesleben zur Folge haben kann.

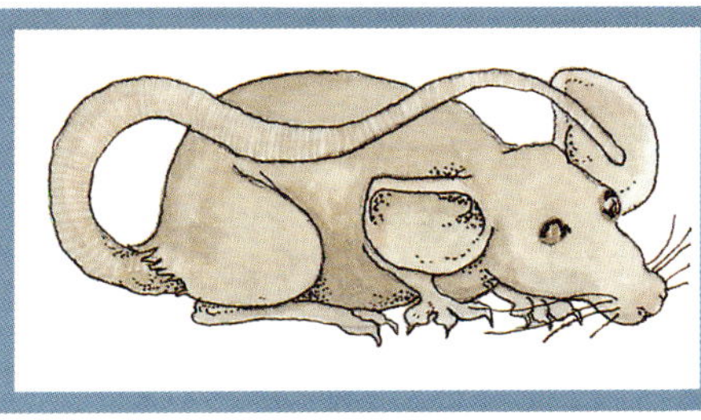

WER IST DER IDEALE PARTNER DER RATTE?

Ratten gewinnen leicht Freunde, und die heißblütigeren unter ihnen haben viele oberflächliche Affären. Aber wenn es um eine tiefere Beziehung geht, sieht die Sache anders aus. Nur wenigen Menschen gelingt es, bis zum wahren Persönlichkeitskern der Ratte vorzudringen.

Vielleicht ist der zuverlässige Ochse der beste Lebensgefährte für die Ratte. Seine Engelsgeduld und seine Hilfsbereitschaft ergänzen sich gut mit der anregenden Art und dem Enthusiasmus der Ratte.

Sollte der Ratte aber der Sinn nach einem Leben voller Abenteuer stehen, so wären entweder der exotische Drache oder der wagemutige Affe ideale Partner.

Eine Beziehung mit einem Pferd-Geborenen dagegen hat der Ratte nicht viel zu bieten, auch wenn das Pferd abenteuerlustig ist und gleichzeitig einen ausgleichenden Einfluß auf die Ratte zu haben scheint.

Tiger- oder Hund-Geborene wären geeignetere Lebenspartner für sie. Der Tiger bietet höchstwahrscheinlich finanzielle Sicherheit, der Hund praktische Hilfe. Zwar ist man bei bestimmten Themen vielleicht völlig unterschiedlicher Meinung, aber es gibt genug Gemeinsamkeiten, um eine liebevolle Beziehung aufzubauen.

Wie die zwölf verschiedenen Persönlichkeitstypen zur Ratte passen

Ratte und Ratte 鼠

Die meisten Partner, die unter demselben Zeichen geboren sind, harmonieren miteinander, aber häufig kommt es zu Reibereien, wenn zwei Ratten-Persönlichkeiten aufeinandertreffen. Beide sind äußerst entschlossene Charaktere, und jeder möchte die Führung übernehmen. Wenn sie unter demselben Dach leben, kommt es häufig zu Interessenkonflikten. Aber der Wunsch der Ratte, stets die Initiative zu ergreifen, kann die Grundlage für ein sehr spannendes Liebesleben bilden. Leider ist diese Partnerschaft häufig nicht stabil.

Ratte und Ochse 牛

Die positiven Eigenschaften der Ratte sind Führungskraft, Kreativität und Eifer, aber sie neigt dazu, ihren Enthusiasmus zu verlieren, wenn sich die Belohnung nicht in Reichweite befindet. Daher sind die Ermutigungen und die praktische Hilfe, die der Ochse zu bieten hat, so wertvoll. Zu den Entscheidungen des Alltags steuert die Ratte Inspiration und Enthusiasmus bei, während sich der Ochse um alle praktischen Aspekte kümmert. Was die Liebe anbelangt, so liefert die Ratte den Funken, aus dem der Ochse ein Feuer entfacht.

Ratte und Tiger 虎

Eine Beziehung zwischen der energischen Ratte und dem Glamour liebenden Tiger ist häufig recht stürmisch. Dennoch haben sie beide Verständnis für die Bedürfnisse des anderen. Die Ratte steht ganz im Bann der magnetischen Anziehungskraft des Tigers, und dieser braucht die tatkräftige Unterstützung und Ermutigung der Ratte. Außenstehenden mögen sie autark erscheinen, aber sie sind sich sehr wohl ihrer Grenzen und ihrer Abhängigkeit voneinander bewußt.

Ratte und Hase 兔

Der Charme der Ratte tritt am wenigsten zutage, wenn es sich bei dem Partner um einen Hasen handelt. Da sie die vertrauensvolle Zuneigung des Hasen als zu selbstverständlich betrachtet, behandelt die Ratte den Hasen vielleicht von oben herab. Der Hase sollte nicht zögern, die Ratte zu verlassen, wenn die Situation unerträglich wird. Die Ratte wird dann schnell erkennen, wie wertvoll die Beziehung war. Wenn die Ratte lernt, den Hasen rücksichtsvoll zu behandeln, und dieser ihre Art geduldig akzeptiert, sind die Aussichten für ein Fortbestehen der Beziehung gut.

Ratte und Drache 龍

Die Ratte wird wahrscheinlich keinen besseren Partner als den Drachen finden, wenn es um absolute Erfüllung geht. Leider kommt der praktische Aspekt in dieser Beziehung häufig zu kurz, in der Intelligenz mit Talent gepaart ist, es aber an Realismus und gesundem Menschenverstand mangelt. Wenn Ratte und Drache jedoch ein gemeinsames Ziel haben, geben die beiden ein hervorragendes Team ab. Überschwengliche Liebesbezeigungen sind häufig.

Ratte und Schlange 蛇

Die Schlange ist kein einfacher Partner für die Ratte. Höchstwahrscheinlich jedoch verfällt die Ratte allen Warnungen zum Trotz ganz und gar dem lockenden Zauber der Schlange. Somit ist es an der Ratte, einen kühlen Kopf zu bewahren und standhaft zu bleiben. Ihre Individualität wird nur allzuleicht von der machtvollen, energischen Persönlichkeit der Schlange aufgesogen.

Ratte und Pferd 馬

Diese beiden gegensätzlichen Partner werden oft durch die Macht der Umstände zusammengebracht. Wenn die Ratte älter ist, gewinnt im Lauf der Zeit der Charakter des Pferdes oft an Stärke, so daß es der dominierende Partner in der Beziehung wird. Ist das Pferd älter, ist diese Rolle meist von Anfang an offensichtlich. Diese Partnerschaft benötigt genau festgelegte Regeln, wenn sie erfolgreich und von Dauer sein soll.

Ratte und Schaf 羊

Dies ist eine recht ungewöhnliche Beziehung für die Ratte. Die beiden kommen eher durch ein gemeinsames Interesse als aufgrund sexueller Anziehung zusammen. Wenn sie den Bereich der gemeinsamen Neigungen verlassen, stehen über kurz oder lang Kommunikationsprobleme ins Haus. Selbst wenn die Leidenschaft abflaut, wird jedoch das beiderseitige Bedürfnis nach der Gesellschaft des anderen immer bestehen bleiben und ihnen helfen zusammenzubleiben.

Ratte und Affe 猴

Wenn die Partnerin die Ratte ist, könnte das die ideale Beziehung sein, aber selbst für Herrn Ratte ist der Affe mit die beste Wahl, die er treffen kann. Der schöpferische Geist der Ratte und die praktische Haltung des Affen sind eine hervorragende Kombination. Die ihnen gemeinsame Abenteuerlust und Lebensfreude verleihen auch der physischen Seite ihrer Liebe Würze. Sie haben wahrscheinlich ein langes, geschäftiges und glückliches Leben vor sich.

Ratte und Hahn 鷄

Die Worte «friedliches Zusammenleben» drängen sich nicht gerade auf, wenn Ratte und Hahn sich zusammentun. Hinter beiden Tierzeichen stehen höchst aktive Persönlichkeiten. Daher funktioniert diese Beziehung am besten, wenn beiden Partnern Zeit und Raum für sich zugestanden wird. Sie müssen ihr eigenes Potential entwickeln können. In dieser Liebesbeziehung kommt es häufig vor, daß sich die Partner trennen und dann doch wieder zusammenkommen.

Ratte und Hund 犬

Die Ratte mag sich mit einem Hund-Geborenen als Partner zunächst unwohl und eingeschüchtert fühlen, aber wenn sich das anfängliche Mißtrauen erst einmal gelegt hat, können die beiden sich sehr nahe kommen. Leider wird die negative Seite des einen Partners häufig vom anderen noch verstärkt. Die Ratte stört sich vielleicht an der Freimütigkeit des Hundes, und der Hund ärgert sich möglicherweise über das Bedürfnis der Ratte, allein zu sein. Das Schlüsselwort für eine Lösung dieses Konflikts lautet «Kompromißbereitschaft».

Ratte und Schwein 豬

Dieses zufriedene Paar wäre äußerst überrascht, wenn man ihm sagte, daß die Partner nicht ideal füreinander sind. In dieser Beziehung ist die Ratte oft der jüngere, männliche Partner, der sich gerne umsorgen und von einem bestimmenden, aber keineswegs tyrannischen Schwein in seine Schranken verweisen läßt. Erstaunlicherweise gibt es in dieser Beziehung wahrscheinlich mehr Romantik, als ein außenstehender Beobachter vermuten würde. Die körperliche Seite der Liebe ist für beide oftmals äußerst zufriedenstellend.

KAPITEL ZWEI

Der Ochse

Echtes Gold fürchtet keinen Ofen

Der für die kaiserliche Eskorte zuständige Marschall betrachtete bestürzt den sich verdunkelnden Himmel. «Wir können nicht weiter», teilte er dem Meister des Haushalts grimmig mit. «Werden Sie Seiner Hoheit die Neuigkeit mitteilen?»
«Und gleichzeitig unser eigenes Todesurteil unterschreiben?» antwortete Kiu.

Die erste Kutsche, in der die Dame Ming-loi saß, wurde durch ein Holzkohleöfchen erwärmt, aber dadurch wurde es stickig. Die Begleiterin von Ming-loi, Ta-ti, hob vorsichtig den Ledervorhang an, um etwas frische Luft hereinzulassen, doch es wurde so bitter kalt, daß sie ihn bald wieder fest schloß.

Sie wurden nicht nur vom Wetter auf die Probe gestellt. Der Gold- und Jadebesatz des Kleides von Ming-loi schnitt ihr unangenehm ins Fleisch, eine weitere Unannehmlichkeit dieser unglückseligen Reise. Innerlich schalt sie sich, daß sie nicht den Mut gehabt hatte, sich ihrem Vater und seinen Ratgebern zu widersetzen. Aber sie war nur ein Rädchen im Getriebe des Staates.

Es gefiel dem kaiserlichen Willen, daß sie den Prinzen Jang-tan heiratete, um die Verbindungen zu einer entfernten Provinz zu stärken. Es war ohne Belang, daß sie ihre Familie vielleicht nie wiedersehen würde und daß die Menschen, die sie regieren würde, nicht ihre Sprache sprachen.

Die beabsichtigte Eheschließung zwischen Ming-loi und dem Prinzen Jang-tan wurde von dem Hofastrologen nicht als günstig erachtet. Jang-tan war im Jahr der Schlange geboren, Ming-loi hingegen im Jahr des Schweins. Aber ein Hofastrologe erlangte sein hohes Amt nicht, indem er den Erlassen seiner Vorgesetzten trotzte.

Vielmehr verkündete er, daß eine dritte Person – deren Horoskop zu dem des Prinzen und dem der Dame Ming-loi paßte – der Verbindung Stabilität verleihen würde. Diese dritte Person, so bemerkte er, sei ihr zukünftiges Kind. Bis zu dessen Geburt müßten sich die beiden eines Vertrauten bedienen.

Der geeignete Vermittler sei im Jahr des Hahns geboren, teilte der Astrologe mit. Er selbst erfüllte zwar diese Voraussetzung, aber sein gesellschaftlicher Rang reichte nicht aus. So wurde die Hofdame Ta-ti ausgewählt. Sie war im Jahr des Hahns zwölf Jahre nach dem rotgesichtigen Herrn Kiu geboren worden. Ming-loi fand Gefallen an Ta-ti, da sie künstlerisch veranlagt war, alle Kartenspiele kannte und in Kontakt mit der Welt außerhalb des Hofes stand.

Kiu schaute durch einen Spalt im Vorhang hinaus. Noch mehr Schnee, und jetzt wurde es auch noch dunkel. Er rief einen der berittenen Begleiter der Kutschen herbei. «Sag Seiner Hoheit, daß wir hier unser Lager aufschlagen müssen.»

Als der alte Bauer die Soldaten und die Bediensteten auf das Haus zukommen sah, wollte er instinktiv alles von Wert im Keller verstecken, obwohl ein paar Küchengeräte und einige Gläser Eingemachtes kaum als Schatz zu bezeichnen waren.

Es pochte heftig an die Tür. Ängstlich nickte der Bauer seiner ältesten Tochter, Ni-erh, einer Frau von etwa vierzig Jahren, zu. Sie besaß eine Vielzahl der Qualitäten, die jene charakterisieren, die im Jahr des Ochsen geboren sind. Leider verbarg sie diese Gaben gekonnt. Sie hatte damit all ihre Verehrer vergrault.

Ni-erh hob den schweren Riegel. Sofort wurde die Tür von einem kräftig gebauten Mann aufgestoßen, der die edelste Kleidung trug, die sie je gesehen hatte. Aber ihre Ehrfurcht schwand, sobald er zu sprechen begann.

«Ich muß Ihnen mitteilen, daß wir Ihr Haus für die Nacht requirieren.»

Ni-erh konnte sich des Lachens nicht erwehren. Mit einem Naserümpfen eilte er an ihr vorbei und richtete das Wort an ihren Vater.

«Wir haben unsere eigenen Vorräte. Dies wird Euch für die Unannehmlichkeiten mehr als entschädigen.»

Er warf einige Goldstücke auf den Tisch. Der Bauer schaute sie ungläubig an. Dann legte Kiu, der sein Schweigen falsch deutete, noch einige Münzen auf den Tisch und fügte hinzu: «Mehr gibt es nicht.»

Ni-erh raffte die Goldstücke zusammen und steckte sie ihrem Vater in die Tasche. Ein Träger hatte einige Pelzdecken aus den Kutschen hereingebracht. Ohne Umstände nahm sich Ni-erh eine und brachte ihre Eltern in den Lagerraum.

Nach kurzer Zeit stand eine Handvoll Menschen in dem winzigen Bauernhaus und schaute sich verwirrt um. Da sie nicht weiterzuwissen schienen, übernahm Ni-erh das Kommando. Sie schürte das Feuer, stellte einen großen eisernen Kessel darauf und goß Wasser hinein. Dann erteilte sie einem Diener Anweisungen.

«Gehen Sie hinaus, und holen Sie mehr Feuerholz. Und Lebensmittel. Bringen Sie Ihre Männer in den Kuhstall. Die Frauen können hierbleiben.»

Kiu fuchtelte ohnmächtig mit den Armen. Alle Diener befolgten Ni-erhs Befehle. Sie entließ den Träger, der die Decken gebracht hatte, und reichte diese den beiden Frauen, die das Sagen zu haben schienen.

«Richten Sie sich da drüben Ihr Lager her», befahl sie, «und dann helfen Sie mir, diese Rüben kleinzuschneiden.»

Die Frauen wandten sich hilfesuchend an jemanden, der gerade hereinkam. Ni-erh drehte sich um und sah einen blassen jungen Mann im Türrahmen stehen.

«Und Sie – wenn Sie sich nützlich machen wollen, dann gehen Sie doch rüber zum Kuhstall, und legen Sie schon einmal Stroh aus.»

Erst zwei Tage später konnten der Prinz und die beiden Damen die Reise wiederaufnehmen.

«Also, als sie mich aufforderte, in den Kuhstall zu gehen!» sagte Ming-loi. «Sie ist ein echtes Juwel. Wenn ich in Shansi bin, werde ich es zur Regel machen, daß alle Hofdamen ihre Wäsche selbst waschen.»

Der Prinz lächelte glücklich und hauchte beiden Damen einen Kuß auf die Stirn. Ming-loi strahlte. «Ich werde dir eine gute Frau sein», sagte sie zum Prinzen. «Wird Ta-ti bleiben dürfen, wenn unser Kind geboren ist?»

«Ich glaube, daß Ta-ti ihre eigenen Pläne hat, oder meinst du, bei dem Gespräch mit dem gutaussehenden Offizier ging es um Angelegenheiten des Hofes? Aber ich bin sicher, daß wir auch für ihn eine angemessene Stellung am Hof finden werden.»

«Was wird mit dieser außergewöhnlichen Frau passieren?» fragte Ming-loi. «Wir verdanken ihr unser Leben und unser Glück.»

«Ich habe sie gefragt, was sie sich wünscht», antwortete der Prinz, «und ihre Bitte war einfach – also gewährte ich sie ihr.»

Weiter hinten im Zug saß Ni-erh bei zurückgezogenen Ledervorhängen stolz in ihrer vornehmen Kutsche. Vor einer Woche noch war sie eine Frau mittleren Alters gewesen, die die Hoffnung auf einen Ehemann längst aufgeben hatte.

Der Mann, der ihr zitternd gegenübersaß, nieste. «Ach, du armes Ding», sagte sie zärtlich. «Dir ist kalt.» Sie tätschelte sanft seine Schulter und schloß die Vorhänge. «Danke, Liebes», erwiderte Kiu schwach, «du bist ja so rücksichtsvoll.»

Die Persönlichkeit des Ochsen

Der Ochse zeichnet sich durch Stärke aus, und zwar sowohl durch Körperkraft als auch durch Willensstärke. Den Ochsen-Geborenen beider Geschlechter liegt es normalerweise mehr, Dinge zum Abschluß zu bringen, als in Gang zu setzen. Durch Kritik lassen sie sich kaum beeinflussen. Sobald sie sicher sind, den richtigen Kurs eingeschlagen zu haben, können sie kaum mehr vom Gegenteil überzeugt werden.

Der Ochse ist von Natur aus gesellig, aber er bewegt sich am liebsten in einem festen Kreis. Es fällt ihm nicht leicht, neue Freunde zu gewinnen. Häufig fehlt es ihm an Erfahrung im Umgang mit Menschen aus anderen Kulturen oder Gesellschaftsschichten. Er neigt dazu, dies durch ein übertrieben selbstsicheres Auftreten auszugleichen – manchmal wirkt er dann sogar kaltschnäuzig und aggressiv. Dabei ist der Ochse wesentlich mitfühlender, als es von außen den Anschein hat.

Im allgemeinen fällt es dem Ochsen-Geborenen nicht besonders schwer, auf der Karriereleiter ganz nach oben zu gelangen.

Der Ochse übernimmt häufig die Führungsrolle, und zwar weniger dadurch, daß er mit gutem Beispiel vorangeht, als dadurch, daß er andere in ihre Schranken weist. Als nüchterner Geschäftsmann hält er sich an altbewährte Methoden.

Eine der liebenswertesten Eigenschaften des Ochsen ist sein sonniges Gemüt. Sensiblere Charaktere stören sich allerdings gelegentlich an seinem Hang zu Streichen. Der typische Ochse ist gerne aktiv – frische Luft und körperliches Wohlbefinden sind für ihn von größter Bedeutung.

Trotz seines derben Humors hat der Ochse insgesamt eine erstaunlich konservative Einstellung zu Liebe, Romantik und der sexuellen Seite einer Beziehung. Das gilt auch für seine Ansichten über persönliche Beziehungen, Loyalität und die Rolle der beiden Partner. Leider führt der Versuch, einen Ochsen von diesen Vorstellungen abbringen zu wollen, häufig zu Mißtrauen und Verärgerung.

牛

WER IST DER IDEALE PARTNER DES OCHSEN?

Wer beschließt, einen Ochsen-Geborenen zum Partner zu nehmen, muß zu einer lebenslangen Verbindung bereit sein. Denn obwohl der Ochse seine Zeit braucht, um sich auf eine ernsthafte Beziehung einzulassen, gibt es kein Zurück mehr, wenn er sich einmal entschieden hat. Bis dahin fühlt sich der Ochsen-Geborene nur selten zur Treue verpflichtet.

Diejenigen, die offene Beziehungen vorziehen, sollten sich daher nicht an einen im Jahr des Ochsen geborenen Menschen binden. Ihre Ochsen-Partner sind nämlich äußerst besitzergreifend. Obwohl die Geduld des Ochsen sprichwörtlich ist, wäre es tollkühn, sie auf die Probe zu stellen. Es heißt sogar, daß der Ochse das einzige Tier ist, das es mit dem Tiger aufnehmen kann, der ja sonst der gefährlichste Gegner ist.

Manche empfinden die Einstellung des Ochsen zur Liebe als äußerst bodenständig, ja sogar derb. Dies liegt denjenigen wahrscheinlich nicht, die Feinsinnigkeit und Subtilität bevorzugen oder im Liebesleben gerne experimentieren. Allerdings wird sich der Ochse nie scheuen, seine Gefühle auszudrücken. Sollte der Ochse je an der Treue seines Partners zweifeln, wird dieser als erster davon erfahren. Wenn Zweifel bezüglich der körperlichen Seite der Beziehung aufkommen, spricht der Ochse auch dies frank und frei aus.

Der geeignetste Partner für einen Ochsen ist zweifellos ein anderer Ochse, da ihnen die Kommunikation vermutlich leichtfällt. Wenn der Partner aber für Abwechslung sorgen soll, wären entweder die gelehrsame und anmutige Schlange oder der überschwengliche Hahn ideal. Das Schwein wäre liebevoll und eine große Stütze.

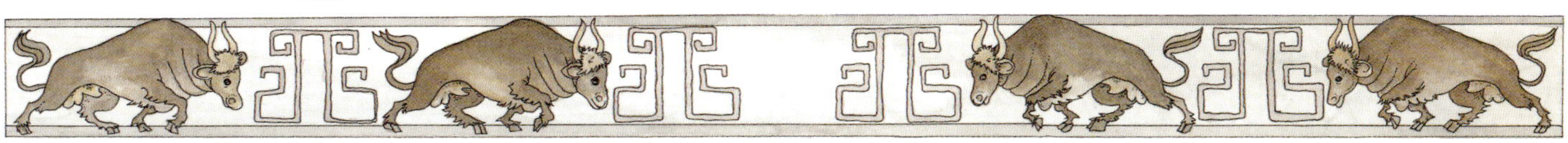

Wie die zwölf verschiedenen Persönlichkeitstypen zum Ochsen passen

Ochse und Ratte 鼠

Wenn der Ochse bereit ist, sich unterzuordnen, können er und die Ratte ein ideales Paar abgeben. Außenstehende mögen zwar manchmal den Eindruck haben, die Ratte zöge mehr Vorteile aus dieser Beziehung. In Wirklichkeit aber hat der Ochse ebenso großen Nutzen davon. Die Ratte verleiht seinem Leben, das sonst stark von Routine geprägt wäre, eine gewisse Würze.

Ochse und Ochse 牛

Zwei Ochsen-Geborene sind vollauf glücklich miteinander. Sie fühlen sich in der Gegenwart des anderen sicher und geborgen und spüren instinktiv, was der andere braucht. Der einzige Nachteil dieser Beziehung liegt darin, daß in ihr möglicherweise kein Platz für andere ist: Die Probleme, die der Ochse manchmal im Umgang mit Außenstehenden hat, werden dadurch verstärkt, daß er sein Leben mit jemandem teilt, dem es ähnlich geht. Ochsen-Geborene passen sowohl körperlich als auch emotional gut zueinander und können offen über alles sprechen.

Ochse und Tiger 虎

«Ein Ochse kann es mit zwei Tigern aufnehmen» lautet ein altes chinesisches Sprichwort. Damit ist gemeint, daß bei dem energischen Ochsen sogar der charismatische Tiger lediglich die zweite Geige spielt. Sie besitzen so unterschiedliche Persönlichkeiten, daß in einer langfristigen Beziehung über kurz oder lang wahrscheinlich jeder sein eigenes Leben führen wird. Obwohl der Ochse ein (weibliches) Yin-Zeichen und der Tiger ein (männliches) Yang-Zeichen ist, funktioniert diese Beziehung am besten, wenn der Ochse der dominierende Partner ist.

Ochse und Hase 兔

Gleichgültig, ob männlich oder weiblich, der Hase bringt immer einen Hauch von Zärtlichkeit und Romantik in das Leben des Ochsen. Dieser beschützt und leistet physische sowie materielle Hilfe, und der Hase gibt in schweren Zeiten psychologische Unterstützung. Bei diesem Partner könnte der Ochse sogar ausnahmsweise bereit sein, auch einmal auf jemand anderen zu hören. Ihr Familienleben ist stabil und erfüllt, und ihre Kinder wachsen alle in einer liebevollen Umgebung auf.

Ochse und Drache 龍

Oberflächlich betrachtet, haben wir es hier mit zwei entschlossenen Persönlichkeiten zu tun. Aber in der Praxis gilt dies nur sehr bedingt. Beispielsweise kann niemand erklären, warum die Anwesenheit des Partners in diesem Moment noch gewünscht und im nächsten Moment schon als störend empfunden wird. Vor allem in finanziellen Dingen kann eine klare Linie fehlen. Das Liebesleben ist wahrscheinlich geprägt von Augenblikken des Glücks, gefolgt von längeren Phasen der Untätigkeit.

Ochse und Schlange 蛇

Schlangen-Geborene sind ideale Partner für den Ochsen. Es sind beides Menschen, die bereit sind, sich wirklich auf den anderen einzulassen, selbst wenn dies mit persönlichen Opfern verbunden sein sollte. Obwohl mit einem sehr unterschiedlichen Charakter ausgestattet, werden sie durch eine geheimnisvolle Verbindung zusammengeschweißt. Selbst wenn die Interessen völlig auseinandergehen, bringt der eine Partner doch etwas ein, das vorher im Leben des anderen gefehlt hat.

Ochse und Pferd 馬

Ochse und Pferd scheinen dazu bestimmt zu sein, sich vom ersten Moment an gut miteinander zu vertragen, aber häufig verlieren sie mit der Zeit das Interesse aneinander. Das größte Problem in dieser Beziehung ist die Langeweile. Sollten Kinder da sein, sind die Aussichten auf ein Fortbestehen größer. Das Liebesleben ist geprägt von stürmischer Leidenschaft, aber es fehlen die unabdingbaren Zutaten «Romantik» und «Überraschungsmomente». Mit der Zeit verliert die körperliche Seite der Beziehung an Reiz oder Bedeutung, so daß ein anderes verbindendes Element in ihre Stelle treten muß.

Ochse und Schaf 羊

Wenn seine Wahl auf ein Schaf fällt, könnten dem ahnungslosen Ochsen schwere Zeiten ins Haus stehen. Denn selbst wenn das Schaf einen loyalen Eindruck erweckt, kann sich hinter dem ruhigen Äußeren Unmut verbergen. Wenn Entscheidungen über Heim, Arbeit oder Freizeit anstehen, muß der Ochse unbedingt alles mit seinem Partner besprechen, und bei der körperlichen Liebe sollte er in jeder erdenklichen Weise auf das empfindsame Schaf eingehen.

Ochse und Affe 猴

Die Beziehung zwischen Ochse und Affe ist zwar nicht ideal, aber es gibt doch einiges, was dafür spricht. Der Affe kann ein bißchen Farbe in das Leben des Ochsen-Geborenen bringen, und der Ochse vermag dem Affen wertvolle praktische Unterstützung und vernünftige Ratschläge zu geben. Bei diesem Paar ist es meist keine Liebe auf den ersten Blick – die Zuneigung wächst mit der Zeit.

Ochse und Hahn 鷄

Diese Beziehung ist sowohl für den Ochsen als auch für den Hahn erfüllend. Beide können etwas einbringen, das die Lebensqualität des anderen verbessert: der Hahn Aufregung und das gewisse Etwas, der Ochse Standhaftigkeit. Da der Hahn abenteuerlustig ist und der Ochse eher konservativ, wird es nie langweilig. Das Liebesleben des Paares ist sowohl leidenschaftlich als auch romantisch.

Ochse und Hund 犬

Der Ochse ist in dieser Beziehung der Spielverderber. Er ist mißgünstig und verhindert, daß der Hund-Geborene bekommt, was er will. Die alten Weisen haben festgestellt, daß Hund- und Ochsen-Geborene ähnliche Probleme haben. Wenn diese Beziehung scheitert, dann meist deshalb, weil der Ochse dem Hund gegenüber mißtrauisch ist, und nicht umgekehrt. Wenn die Partnerschaft von Dauer sein soll, muß der Ochse seine Zuneigung offener zeigen und dem Hund weniger argwöhnisch gegenüberstehen.

Ochse und Schwein 豬

Diese Beziehung hat viele sehr positive Aspekte. Familienleben ist sowohl dem Schwein als auch dem Ochsen wichtig, ebenso Stabilität und Loyalität. Beiden ist klar, daß sie mit vereinten Kräften mehr erreichen können als einer allein. Aufregung und ständig neue Eindrücke sind diesem Paar wahrscheinlich weniger wichtig als eine sichere Zukunft, und obwohl sie eher bescheidene Ambitionen haben, sind sie beruflich ebenso erfolgreich wie privat. In dieser Beziehung ist von Romantik vielleicht nicht allzuviel zu spüren, aber es besteht eine starke Bindung, die auf gegenseitiger aufrichtiger Zuneigung beruht.

KAPITEL DREI

DER TIGER

Ein ungebetener Gast

«Tofu?» erkundigte sich die Witwe Yuan und sah die Gestalten vor sich prüfend an.

«Fünfzehn Wagenladungen», erwiderte Sheng, ihr Verwalter, und hakte den Posten auf seiner Liste ab.

«Ochsenhäute?»

«Nur eine Wagenladung, wie Sie es angeordnet hatten.»

«Mit den zwanzig Körben Stockfisch sollte das reichen, um die Schulden zu tilgen. Veranlassen Sie, daß die Wagen unverzüglich zum Handelshaus des Gouverneurs geschickt werden. Gibt es sonst noch etwas?»

«Das wäre, was das Geschäft anbelangt, alles für heute. Aber San-tzu, der Kaufmann aus Tang-chiang, ist wieder hier.»

Die Witwe Yuan runzelte die Stirn.

«Wieder ein Verehrer? Für mich oder für meine Tochter?» Der Verwalter zuckte mit den Achseln. Sie ließ den Besucher hereinbitten. Er war gut gekleidet und ungefähr in ihrem Alter.

«San-tzu Fen!» stellte ihn Sheng vor.

Die Witwe Yuan kannte weder den Namen noch das Gesicht, aber etwas an dem Mann kam ihr bekannt vor. Doch sie verschob es auf einen günstigeren Zeitpunkt, ihre Neugierde zu befriedigen. Für den Augenblick beschränkte sie sich auf den Austausch einiger förmlicher Höflichkeiten und nahm zunächst die Neujahrswünsche des Besuchers entgegen.

«Mein Verwalter hat mir mitgeteilt, daß Sie aus Tangchiang sind. Die Gärten dort müssen jetzt, da die ersten Blumen zu blühen beginnen, wunderschön sein.»

Der Besucher verneigte sich zustimmend.

«Alles ist schön im Frühling», sagte er. «Die Luft ist frisch, der Fluß glitzert, und unsere Gedanken wenden sich der glücklichen Jugendzeit zu.»

Die Witwe seufzte innerlich. Das ist nicht die übliche Einleitung von jemandem, der Stockfisch für Bauholz eintauschen möchte, dachte sie. Sie bestellte Tee, und das Gespräch plätscherte so dahin.

Das Thema Ehe wurde nur oberflächlich gestreift, so daß die Witwe nach kurzer Zeit die Geduld verlor.

«Was sagten Sie, wie viele Frauen Sie schon hatten?» erkundigte sie sich.

«Nur diese beiden», erwiderte der Kaufmann, dem der leichte Sarkasmus in ihremTonfall entgangen war. «Leider verschieden die beiden Damen aus unterschiedlichen Gründen recht bald nach der Hochzeit.»

«Zwei Ehefrauen sind mehr, als die meisten Männer in ihrem ganzen Leben haben», bemerkte die Witwe bissig. «Und da möchten Sie noch ein drittes Mal heiraten?»

«Nein, da haben Sie mich falsch verstanden. Als ich von Hochzeit sprach, meinte ich meinen Sohn», beeilte er sich zu sagen. Dann fuhr er fort: «Obwohl ich natürlich davon ausgehe, daß ich noch viele Jahre leben werde. Und es wäre schön, diese Zeit mit einer geeigneten Gefährtin zu verbringen.»

«Mir war nur ein Ehemann vergönnt», sagte die Witwe. «Sie können sich vorstellen, wie schwierig es für mich als Tiger war, selbst diesen einen zu finden. Aber er war ein Musterbeispiel für die im Jahr des Pferd Geborenen – ehrlich, arbeitsam und wirklich liebevoll. Ich hoffe, daß meine Tochter ebensoviel Glück hat. Sie ist auch eine Tiger-Geborene. Sie kennen ja die Redensart: ‹Bringe nie einen Tiger ins Haus.›»

«Es gibt noch eine andere Redensart», erwiderte er: «‹Ein Ochse kann es mit zwei Tigern aufnehmen.› Jemand wie ich, der einen Ochsen zum Sohn hat, könnte einer solchen Verbindung sehr wohlwollend gegenüberstehen – um so mehr, wenn die beiden Familien Geschäfte miteinander machen.»

Die Witwe Yuan schob ihre Tasse beiseite und betrachtete ihren Besucher mit gesteigertem Interesse.

Da gerade Neujahr war, bot es sich an, San-tzu und seinen Sohn zu den Feierlichkeiten einzuladen. Ihre Tochter Lan-lan und ihre Kusinen hatten Laternen aufgehängt, und die Gelegenheit schien günstig, Lan-lan und Yun, Herrn San-tzus Sohn, zu einem Spaziergang durch den Garten zu bewegen.

Yun ging mit einem breiten Grinsen im Gesicht voraus. An der Wahl, die sein Vater getroffen hatte, war wahrlich nichts auszusetzen.

«Dann ist ja alles klar», verkündete er. «Ich werde meinem Vater mitteilen, daß ich Sie heiraten werde.»

«Angenommen, ich möchte jemand anderen heiraten, was dann?»

«Darüber haben Sie nicht zu entscheiden. Mein Vater hat Geld wie Heu. Ihre Mutter möchte in das Bauholzgeschäft einsteigen.»

Lan-lan hielt mit Mühe die Tränen zurück. Als sie sich dem Pavillon näherten, in dem ihre Eltern warteten, durchquerte Yun den Garten mit der Sonne im Rücken. Einen kurzen Augenblick lang sah die Witwe Yuan seine Silhouette und fühlte sich für einen Moment um dreißig Jahre zurückversetzt.

Die ältere Kusine schlich hinüber zu Lan-lans Bett und rüttelte sie sanft aus dem Schlaf. «Wach auf, Lan-lan. Sheng ist draußen.» Lan-lan rieb sich die Augen. «Du kannst durch den Zaun mit ihm sprechen», flüsterte ihre Kusine.

Leise rief eine Stimme. Lan-lan klammerte sich an den Zaun.

«Lan-lan, ich werde dich immer lieben, ganz egal, was passiert.» Fingerspitzen schoben sich durch eine Lücke im Zaun. Lan-lan griff nach ihnen und küßte sie leidenschaftlich. «Ich kann ihn nicht heiraten!» weinte sie. «Da wäre ich lieber tot.»

«Sag bitte so etwas nicht.»

Plötzlich stieß Lan-lans Kusine einen Warnruf aus. Jenseits des Zauns ertönten Geräusche eines kurzen Handgemenges, ein Schmerzensschrei und Yuns Stimme, die rief: «Ich habe ihn erwischt, Vater.»

Da inzwischen sowieso schon der gesamte Haushalt wach war, bat die Witwe Yuan alle zu sich in ihr Kontor. Lan-lan saß mit ausdruckslosem Gesicht da. Santzu versuchte, den Anschein würdevoller Empörung zu erwecken, während sein Sohn sich ob seines Triumphs diebisch freute. In der Mitte der Gruppe stand der Verwalter Sheng. Sein Gesicht blutete und war geschwollen.

«Witwe Yuan, ich darf Ihnen mitteilen, daß wir trotz der Vorkommnisse von heute nacht weiterhin bereit sind, unseren Heiratsantrag aufrechtzuerhalten. Natürlich gibt es da jetzt gewisse Bedingungen, die erfüllt werden müssen.»

«Und wie sehen diese Bedingungen aus?»

«Nun, zunächst müßte Ihr Verwalter vor den Richter gebracht, entlassen und durch jemanden ersetzt werden, der mir vertrauenswürdiger erscheint.»

«Und weiter?»

«Ich bin der Auffassung, daß es in beiderseitigem Interesse wäre, wenn wir den Geschäftsvertrag mit einer Ehe besiegelten.»

Die Witwe lächelte: «Sie sind wirklich äußerst entgegenkommend. Ganz anders als vor dreißig Jahren. Damals, nachdem ich ‹Ja› gesagt hatte und Sie Ihren Spaß mit mir gehabt hatten, haben Sie mich und Ihre Familie verlassen. Was meinen getreuen Verwalter Sheng anbelangt, so werde ich ihn tatsächlich vor den Richter bringen, aber nur, um diesem die Verletzungen zu zeigen, die bei diesem grundlosen Angriff entstanden sind. Davon würde ich nur absehen, wenn Sie bereit sind, eine Entschädigung zu zahlen. Und was dich anbelangt, junge Dame, so war ich immer der Meinung, Sheng sei ein bißchen zu alt für dich, aber wenn er ein Drache ist, nimmst du das Angebot besser an. Jetzt aber ab mit dir, mein Kind. Genug geküßt.»

Die Persönlichkeit des Tigers

Der Tiger diente den alten chinesischen Astrologen zur Darstellung einer ehrgeizigen, furchtlosen Persönlichkeit mit Wettbewerbsgeist. Wenn man reiche Eltern hat oder einen privilegierten Platz in der Gesellschaft einnimmt, helfen einem die Tiger-Qualitäten mit ziemlicher Sicherheit dabei, diesen Platz zu behalten und seine Autorität wirkungsvoll einzusetzen. Anders bei Menschen einfacherer Herkunft, bei denen Groll und Rebellion daraus resultieren können. Wenn die Unzufriedenheit mit den Lebensumständen aber in eine positive Richtung gelenkt wird, kann aus dem Tiger beispielsweise ein militanter Verfechter der Menschenrechte werden. Leider ist dieses Engagement nicht immer mit der notwendigen praktischen Erfahrung verbunden.

Die gesellschaftliche Stellung ist von größter Bedeutung für den Tiger-Geborenen. Daraus kann sich als Schwäche ergeben, daß er zuviel Wert auf Luxus legt.

Tiger möchten zur obersten Gesellschaftsschicht gehören, und wenn sie nicht in diese Kreise hineingeboren wurden, dann erkämpfen sie sich durch ihre starke Persönlichkeit den Weg nach oben. Sie kennen auch instinktiv ihre Schwächen und machen dies durch einen anderen Aspekt ihres Charakters wett, sei es ihr Kommunikationstalent, ihr Aussehen oder ihr Stil.

Tiger haben viele Fähigkeiten und verfügen über ein großes Organisationstalent. Da sie gut unter Streß arbeiten können, sind sie ausgezeichnete Manager. Häufig sind es charismatische Persönlichkeiten mit der Gabe, Chaos in Ordnung zu verwandeln.

Da es sich bei den Eigenschaften des Tiger-Geborenen um traditionell männliche Werte handelt, hatten die Chinesen gegenüber zukünftigen Ehefrauen, die im Jahr des Tigers geboren wurden, schon immer Vorbehalte, da sie fürchteten, diese könnten Zwietracht säen. Aber die Tigerin verfügt über genausoviel Ausstrahlung wie jeder Mann, der in demselben Jahr geboren wurde. Dem richtigen Partner kann sie eine elegante und hilfreiche Gefährtin sein.

虎

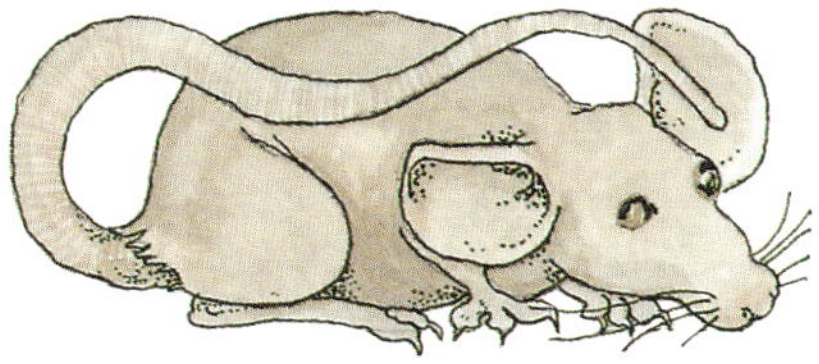

WER IST DER IDEALE PARTNER DES TIGERS?

Der Tiger verfügt über magnetische Anziehungskraft und Vitalität, aber man darf nicht vergessen, daß seine dominierende Persönlichkeit manchmal recht anstrengend sein kann. Wer einen Tiger-Partner hat, muß sich daher auf jemanden einstellen, der ständig Unterstützung verlangt. Das liegt nicht jedem. Affen-Geborene beispielsweise sind von Natur aus zu unabhängig, um den Lakaien zu spielen. Die Schlange versucht vielleicht zu gefallen, aber sie hat etwas, das argwöhnisch macht, und der Tiger neigt dazu, ihrer schmeichlerischen Art zu mißtrauen. Dem Schwein-Geborenen fällt es schwer, den Enthusiasmus des Tigers zu teilen, hegt er doch die Überzeugung, daß die Realitäten von heute wichtiger als die Visionen von morgen sind. Wenn es aber einen potentiellen Partner gibt, dem der Tiger unbedingt aus dem Weg gehen muß, dann ist das der Ochse – heißt es doch, er sei das einzige Tier, das es mit einem Tiger aufnehmen könne. Manche schreckt vielleicht auch ab, daß der Tiger gerne auf großem Fuß lebt.

Die dynamische Persönlichkeit des Tigers kann aber auch eine ständige Quelle der Anregung und der Inspiration sein. Pferd-Geborene erkennen die feineren Qualitäten des Tigers und werden häufig loyale Gefährten. Wenn der Tiger verliebt ist, verwandelt sich seine Dynamik in brennendes Verlangen, und er ist dann auch vollkommen aufrichtig. Diese Eigenschaften werden vom Hund-Geborenen am meisten geschätzt, für den Vertrauen und Treue von größter Wichtigkeit sind.

Mit einem Pferd, einem Hund oder einer Ratte als Partner können sich also sogar weibliche Tiger-Geborene – die es in China traditionell schwer haben, einen Ehemann zu finden – auf eine erfüllende Beziehung voller Romantik und Leidenschaft freuen.

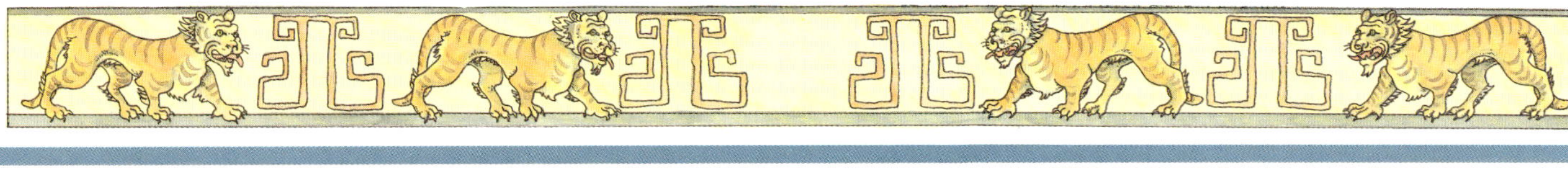

Wie die zwölf verschiedenen Persönlichkeitstypen zum Tiger passen

Tiger und Ratte 鼠

Der Tiger wird in dem Ratten-Geborenen einen zuverlässigen Partner haben, sei es in einer Geschäfts- oder einer Liebesbeziehung. Ratte und Tiger sind auf ihre Art beide Führungspersönlichkeiten und erkennen die Talente des anderen an. Dadurch entsteht eine starke, auf gegenseitigem Respekt beruhende Verbindung. In ihrem Liebesleben herrschen nicht ständig Romantik und Leidenschaft, aber es ist für beide erfüllend.

Tiger und Ochse 牛

Obwohl der Ochse vielleicht nicht gerade der ideale Partner des Tigers ist, so gehört er doch zu den wenigen, die den Tiger im Zaum halten können. Bei Meinungsverschiedenheiten läßt der Ochse sich nicht vom Tiger einschüchtern und bleibt seinen Prinzipien treu. Beide Persönlichkeiten sind so verschieden, daß der Tiger es am liebsten sähe, wenn ihr Leben in verschiedene Bereiche aufgeteilt würde. Damit allerdings kann sich der Ochse keinesfalls einverstanden erklären. Diese Beziehung funktioniert am besten, wenn der Tiger dem Ochsen die Führung überläßt.

Tiger und Tiger 虎

Diese Beziehung ist für Tiger-Geborene besser als jede andere. Beide Partner sind stark, und jeder sieht das Bedürfnis des anderen nach Eigenständigkeit. Es gibt Kameradschaft, aber über die Tiefe der zwischen ihnen bestehenden Gefühle wird sich häufig ausgeschwiegen. Die beiden sollten erkennen, daß eine wirklich harmonische Partnerschaft nur möglich ist, wenn ihnen klargeworden ist, daß teilen nicht nur geben, sondern auch (an)nehmen bedeutet.

Tiger und Hase 兔

Es mag überraschen, aber die Beziehung mit einem Hasen-Geborenen ist eine der für den Tiger geeignetsten. Tendenziell wird der Tiger dabei allerdings die Führung übernehmen. Von außen betrachtet, kann es kein ungleicheres Paar geben, aber jede Persönlichkeit spiegelt die Bedürfnisse und Ziele des anderen wider, und die beiden teilen tiefe Gefühle und Ambitionen. Sie ergänzen einander wie die beiden Seiten einer Medaille. Der Tiger bringt Leidenschaft in diese Beziehung ein, der Hase Zärtlichkeit.

Tiger und Drache 龍

Ein solches Paar hat den Ehrgeiz, der nötig ist, um ganz nach oben zu kommen. Der Tiger hat eine ernüchternde Wirkung auf den Drachen und kann ihn in seinen wilden Exzessen bremsen. Allerdings hält dies das Paar nicht davon ab, gesellschaftliche Grenzen zu überschreiten. Dank ihrer charismatischen Ausstrahlung haben die beiden Zugang zu den exklusivsten gesellschaftlichen Kreisen. Zwischen den Partnern fließt eine erstaunliche Energie: Sie führen ein leidenschaftliches, aufregendes und sich ständig erneuerndes Liebesleben.

Tiger und Schlange 蛇

Diese Partnerkombination kann manchmal ungünstig sein. Der Tiger ist so vital und extrovertiert, die Schlange dagegen so rätselhaft und undurchschaubar, daß sie wenig gemeinsam zu haben scheinen. Es gibt kein uneingeschränktes Vertrauen zwischen ihnen. Wenn diese Beziehung gelingen und sich eine wirkliche Partnerschaft entwickeln soll, muß jederzeit völlige Offenheit herrschen.

Tiger und Pferd 馬

Das Pferd teilt die Meinungen, Ziele und Moralvorstellungen des Tigers und bewundert seine starke Persönlichkeit. Er kann somit ein unentbehrlicher Gefährte sein. Das Pferd spendet Trost und Kraft, wenn die Umstände einmal weniger günstig sind. Mit einem so leidenschaftlichen und loyalen Partner sind Glück und Erfolg garantiert. Um die bei ihnen herrschende Harmonie und ihr erfülltes Liebesleben werden Tiger und Pferd von vielen weniger glücklichen Paaren beneidet.

Tiger und Schaf 羊

Der Tiger ist in dieser Beziehung immer der dominante Partner. Obwohl sie nur wenige Interessen teilen, passen Tiger und Schaf gut zueinander. Wegen der Karriere oder aus anderen Gründen können sie für eine Weile getrennt sein, aber die Zeit, die sie zusammen verbringen, ist geprägt von Rücksichtnahme und Zuneigung. Es ist nicht von Belang, daß der Tiger das Schaf manchmal etwas langweilig findet. Das wird dadurch, daß das Schaf eine erfreuliche Stabilität in die Beziehung bringt, mehr als ausgeglichen.

Tiger und Affe 猴

Der Affe ist eine zu eigenständige Persönlichkeit, als daß der Tiger ihn leicht für sich gewinnen könnte. Der Affe mißgönnt dem Tiger vielleicht sogar seinen Erfolg und ist unnahbar und abweisend, was wiederum den Tiger beunruhigt. Der Tiger amüsiert sich zunächst vielleicht noch über die Oberflächlichkeit des Affen, aber über kurz oder lang wird er der leichtfertigen Einstellung des Affen und sogar der Beziehung selbst überdrüssig. Auch ihr Liebesleben kann durch Mißverständnisse getrübt werden, die allerdings mit Geduld und Rücksichtnahme beseitigt werden können.

Tiger und Hahn 鷄

Die beiden sind ein auffälliges, schillerndes Paar und stehen im Mittelpunkt des Interesses, wenn sie sich zusammen zeigen. Beide sind führend auf ihrem Gebiet, und der Tiger bewundert und respektiert die unbestrittenen Talente des Hahns. Tiger und Hahn verfügen über dieselbe positive Lebenseinstellung. Oberflächlich betrachtet, scheinen sie fast schon zu gut zusammenzupassen, aber hinter der öffentlichen Maske kann ein erbitterter Konkurrenzkampf zwischen den beiden herrschen. Meist stellen sie ihre Zuneigung auf übertriebene Weise zur Schau. So entsteht leicht der Eindruck von Unaufrichtigkeit. Aber dieses Verhalten ist charakteristisch für beide, und Hahn und Tiger bleiben wahrscheinlich ihr Leben lang zusammen.

Tiger und Hund 犬

Mit dem Hund als Partner trifft der Tiger-Geborene eine kluge Wahl. Der Hund teilt viele der Prinzipien des Tigers, wie Ehrlichkeit, Integrität und Loyalität. Er bewundert die gebieterische Art des Tigers. Der Tiger dagegen profitiert von der ruhigen, doch entschlossenen Unterstützung des Hundes. Meist führen Tiger und Hund ein glückliches Familienleben. Ihre Liebe ist stark und hilft ihnen, alle Schwierigkeiten zu meistern. Die körperliche Zuneigung spielt auch eine wichtige Rolle in ihrer Beziehung, und dies bleibt während ihrer gesamten gemeinsamen Zeit unverändert.

Tiger und Schwein 豬

Normalerweise findet der Tiger das Schwein zu nüchtern, um mit ihm eine dauerhafte Beziehung einzugehen. Das Schwein wiederum hält vielleicht die Prioritäten des Tigers für völlig falsch. Wahrscheinlich streiten sie sich oft über finanzielle Dinge. Das liegt häufig daran, daß das Schwein meist der Bankier der Familie und der Tiger der Versorger ist. Da sie so unterschiedlich sind, kann ihr Liebesleben stürmisch und unvorhersehbar sein. Dabei fehlt dem einen Partner die altmodische Romantik, dem anderen die Abenteuerlust.

KAPITEL VIER

DER HASE

Kalte Asche fängt Feuer

Lin hob das Reisig auf und trug das Bündel ins Haus. Ihrem Blick ausweichend, nahm ihre Mutter einige Zweige und stopfte sie eilig in den Ofen. «Du wirst das nicht mehr tun, wenn du erst einmal verheiratet bist», sagte sie aufmunternd. Lin lächelte, aber ihr Lächeln war so schwach wie die Frühlingssonne.

Es war ein offenes Geheimnis, daß die Verhandlungen über ihre Verlobung mit einem der begehrtesten jungen Männer der Stadt in vollem Gange waren. Doch sie konnte die Begeisterung ihrer Familie nicht teilen und litt unter dem unverhohlenen Neid ihrer Freundinnen.

Das Feuer zischte und qualmte. «Komm, laß mich das nehmen», sagte die Großmutter. «Diese Zweige sind noch viel zu grün. Und schau dir diese Kratzer an! Deine Hände sollten wie die einer Hofdame behandelt werden.»

Lin lächelte. «Höchstens wie die der Frau eines Kaufmanns. Ich werde Sattelzeug und Geschirr tragen statt Reisig und Feuerholz. Das ist der einzige Unterschied.»

«Der Unterschied, meine Liebe, besteht darin, daß man Sattelzeug und Geschirr mit Gold und Silber ersteht, während Reisig von den Bäumen fällt. Komm, laß uns jetzt das Teewasser aufsetzen, damit es kocht, bevor unser Besuch da ist.»

Lin schüttelte den Kopf. Ihr mangelndes Interesse an ihrer baldigen Verlobung machte ihrer Familie Sorgen. Sie hatte die Verbindung als ihre Pflicht akzeptiert. Leider war Lin jetzt schon fünf Jahre vaterlos.

Während sie sich unterhielten, näherte sich eine Reitergruppe mit zwei Dienern. Sie gehörten zu Ho Pai, dem Mann, der, wenn alles gutging, bald Lins Schwiegervater sein würde. Man erkannte leicht, von wem sein Sohn Chang sein gutes Aussehen hatte.

Ho Pai stieg ab und verbeugte sich respektvoll vor der Witwe Lang. «Mein Sohn Chang bat mich, Ihnen seine Empfehlungen und dieses kleine Geschenk als Zeichen seiner Sorge um Ihr Wohlergehen zu überbringen.»

Er überreichte ihr einen mit einem Tuch abgedeckten Teller. Es roch nach eingemachtem Ingwer. Dem Gewicht nach steckten in dem Tuch wohl ein oder zwei silberne Tael.

Die Witwe Lang geleitete den Kaufmann ins Haus und bat ihn, Platz zu nehmen.

Lin trat ohne Hast oder Aufregung ein und goß Wein in die winzigen Becher, während ihre Mutter und Ho Pai über Chrysanthemen, Dichtung und Zierfische sprachen. Unmerklich verlagerte sich die Unterhaltung in Richtung familiäre Beziehungen, die Vorteile einer Ehe und die ewige Sorge, geeignete Partner für die Kinder zu finden.

«Hier beispielsweise haben Sie die acht Schriftzeichen des Geburtsdatums meines Sohnes Chang. Glauben Sie, ich könnte eine geeignete Partnerin für ihn finden?»

Er überreichte der Witwe Lang ein Stück Papier in einem roten Umschlag. Sie nahm es ehrfürchtig an. Das Überreichen des Papiers mit Changs Namen auf der einen und seinem Geburtsdatum auf der anderen Seite stellte die traditionelle Vorgehensweise bei einem formellen Heiratsantrag dar. Fast etwas zu schnell holte die Großmutter ein ähnliches Päckchen hervor.

«Auch wir fragen uns, was für ein Ehemann in Anbetracht der acht Schriftzeichen meiner Tochter angebracht wäre. Wie Sie sehen, wurde sie im Jahr des Hasen geboren», sagte die Witwe Lang.

Höflich nahm Ho Pai das Päckchen entgegen.

«Schenk unserem Besucher noch etwas Wein ein, mein Kind», rief die Großmutter und öffnete das rote Umschlagpapier.

«Wie ich sehe, wurde Ihr Sohn im Jahr des Pferdes geboren», fuhr die Großmutter fort. «Er wird seinem Vater große Ehre machen.»

«Der Apfel fällt nicht weit vom Stamm», meinte Ho Pai lachend. «Und was ist mit Ihrer verehrten Frau? Wurde Sie nicht ebenfalls im Jahr das Pferdes geboren? Ich erinnere mich daran, daß sie den Sattel einer Kutsche vorzog.»

«Sie haben vollkommen recht, Verehrteste», antwortete der Kaufmann traurig. «Sie war eine gute Frau, aber sehr entschlossen. Sonst würde sie vielleicht noch unter uns weilen.»

Plötzlich schlug sich Ho Pai fröhlich auf die Knie. «Genug der Vergangenheit. Wie sieht es mit der Zukunft aus?»

«Und wie sieht es mit Ihrem Weinbecher aus?» fragte die Witwe Lang. «Oder ziehen Sie Bier vor?» Ho Pai lachte. «Sie sind wirklich eine perfekte Gastgeberin.»

Es begann schon, dunkel zu werden, als sich Ho Pai auf den Heimweg machte.

Die Witwe Lang reichte einem der Diener ein kleines Gefäß. «Nehmen Sie das Ihrem Herrn mit», sagte sie mit einem Lächeln. «Und geben Sie es ihm am Morgen. Ich glaube, er wird es brauchen können.»

Die Witwe Lang sollte recht behalten. Als Ho am nächsten Morgen Lins Hausmittel gegen Kater ausprobierte, war er von der schnellen Wirkung angenehm überrascht. Während der nächsten Tage fand er mehrere Gründe, seinen Sohn zur Witwe Lang zu schicken.

«Aber ich mag sie nicht», sagte Chang zu seinem Vater. Ho Pai verschlug es die Sprache. «Wie kann man so jemanden nicht mögen? Sie ist ein gutaussehendes Mädchen. Sie ist sanft, kultiviert und wäre ein großer Gewinn für dich.»

Chang zuckte mit den Achseln. «Ich kann mir sie nicht vorstellen, wie sie mit mir über die Hügel reitet. Du etwa?»

Offen gesagt, konnte Ho Pai das nicht. Aber genausowenig verstand er, warum Chang überhaupt wollte, daß seine Frau das tat. Er mußte lange und scharf darüber nachdenken. Eine Ehe wurde für immer geschlossen. Manche waren zwar der Meinung, daß über kurz oder lang schon Liebe zwischen den Ehepartnern entstehen würde, aber er fragte sich, ob das Glück seines Sohnes dieses Risiko wert sei.

Einige Tage später machte sich Ho Pai auf den steinigen Weg zu dem Haus der Witwe Lang. Da der Antrag in aller Form angenommen worden war, verlangte es die Höflichkeit – wenn auch nicht das Gesetz –, daß man der Familie für den Bruch des Eheversprechens eine Wiedergutmachung leistete. Glücklicherweise war sein Neffe, wie viele im Jahr der Schlange Geborene, vor kurzem im Büro des Richters angestellt worden. Daher beschloß Ho Pai ihn mitzunehmen, für den Fall, daß juristischer Rat benötigt wurde.

Lin war gerade dabei, etwas Enzian zum Trocknen am Ofen auszulegen, als sie Ho Pai und den Notar kommen sah. Sie rief ihre Mutter.

«So langsam, wie die beiden gehen, möchte man annehmen, daß sie schlechte Nachrichten bringen», sagte die Witwe Lang. «Mach etwas Tee, Lin. Ich glaube nicht, daß heute Wein angebracht wäre.»

Ho Pai fühlte sich sichtlich unwohl in seiner Haut. «Witwe Lang, ich habe sehr unangenehme Nachrichten. Vielleicht lasse ich am besten meinen Neffen Ho Ying für mich sprechen.»

Lin warf ein paar Äste in den Ofen. Vom brennenden Holz loderten Flammen auf, und im Licht des Feuers erblickte sie das Gesicht des jungen Juristen. Einen Augenblick lang erfüllten die Flammen den Raum mit einem Leuchten.

Ho Pai schaute kurz zu der Witwe Lang hinüber. Sie erwiderte seinen Blick, und den beiden kam augenblicklich der gleiche Gedanke in den Sinn.

«Wie lauten denn die unangenehmen Nachrichten, die Sie mir überbringen müssen?» fragte sie dann.

Ho Pai holte tief Luft und traf eine spontane Entscheidung. «Unangenehme Nachrichten? Nein, nein. Sie müssen mich mißverstanden haben. Ich sagte angenehme Nachrichten.»

Sie schauten zunächst Lin und dann Ho Pais Neffen an. Lächelnd bot die Witwe Lang Ho Pai einen Becher an. «Vielleicht wäre jetzt etwas Wein angebracht?»

Die Persönlichkeit des Hasen

Hasen-Geborene erwecken zwar den Eindruck, schüchtern und zurückhaltend zu sein, sind aber sehr entschlossene Menschen, die dank ihres Charmes das bekommen, was sie wollen. Sie sind von Natur aus warmherzig, liebevoll und ideale Gefährten. Hasen müssen sich einem festen Kreis zugehörig fühlen, um sich sicher und geborgen zu fühlen. Ihre Zuneigung gilt häufig dem Falschen oder wird nicht richtig geschätzt.

Hasen verbergen oft ihre tiefsten Gefühle. Im Buddhismus ist der Hase das Symbol der Selbstaufopferung. Hasen-Geborene kümmern sich oft um Kinder, Randgruppen, Tiere, schutzbedürftige und gefährdete Menschen und sind daher die geborenen Krankenschwestern, Sozialarbeiter und Lehrer.

Obwohl man bei Hasen gerne an Konfliktvermeidung denkt, sind sie exzellente Gegner. Laut den Chinesen sind Hasen auch gute Menschenkenner, die einen Blick für Unaufrichtigkeit haben.

Eine chinesische Legende handelt von einem Hasen, der auf dem Mond lebt und dort Kräuter destilliert, um das Lebenselixier herzustellen. In der Tat haben Menschen, die im Jahr des Hasen geboren wurden, meist ein großes Interesse an Pflanzen und ihren Verwendungsmöglichkeiten. Im allgemeinen ziehen Hasen die besinnlicheren Künste des Lesens und Schreibens jeglicher Art der körperlichen Anstrengung vor.

Die fast schon sprichwörtliche Fortpflanzungsfähigkeit des Hasen ist stärker ausgeprägt als bei den anderen Tierzeichen. Ein typischer Hasen-Geborener verfügt denn auch über einen markanten Sexualtrieb. Insbesondere im Frühling läßt die Selbstbeherrschung des Hasen leicht zu wünschen übrig.

Allerdings darf man nicht glauben, der leidenschaftliche Hase sei von Natur aus wankelmütig. Wenn der Hase eine Liebesbeziehung eingegangen ist, ist die Partnerschaft geprägt von Sicherheit und Stabilität. Fürsorglichkeit und Mitgefühl sind die zentralen Aspekte des Hasen-Charakters, und ein Hase möchte diejenigen, die er liebt, auf keinen Fall verletzen.

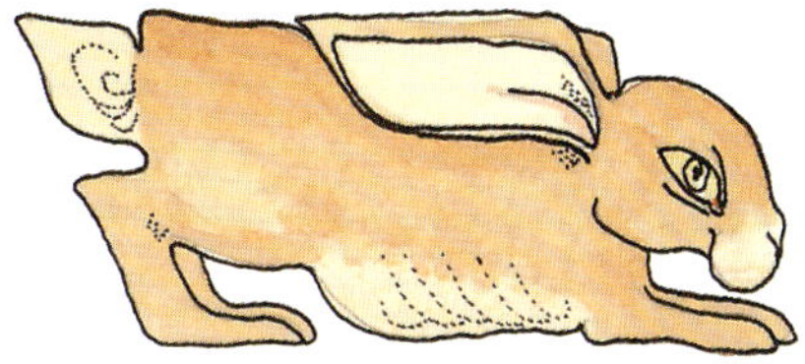

WER IST DER IDEALE PARTNER DES HASEN?

Die meisten Menschen profitieren davon, einen Hasen-Geborenen als Lebenspartner zu haben. Die Rücksichtnahme und Freundlichkeit des Hasen werden allerdings leicht ausgenutzt. Manche regt die sanfte Beharrlichkeit des Hasen auf – vor allem den extravaganten Drachen, dessen Glück laut chinesischer Überlieferung wegfliegt, wenn sich der Hase nähert. Es heißt auch, der Hase könne nicht allzuviel Aufmerksamkeit vom Hahn erwarten, der immer mit etwas Wichtigerem beschäftigt zu sein scheint.

Wenn das häusliche Glück der ausschlaggebende Aspekt ist, dann ist der ideale Partner für den Hasen ein anderer Hase, das Schaf, mit dem er viele Interessen gemein hat, oder das fröhliche, vernünftige Schwein. Aber Familienleben ist nicht jedermanns Sache. Daher benötigen Hasen-Geborene, die Karriere machen oder etwas Aufregung in ihr Leben bringen wollen, Anregung von jemandem, der sich durch mehr Aggressivität auszeichnet. Der Tiger ist das Komplementärzeichen des Hasen: Er verfolgt dieselben Ziele wie der Hase, hat aber eine ganz andere Lebenseinstellung.

Traditionell allerdings gilt die Schlange als der ideale Partner des Hasen, auch wenn der Grund dafür noch nicht zufriedenstellend geklärt werden konnte.

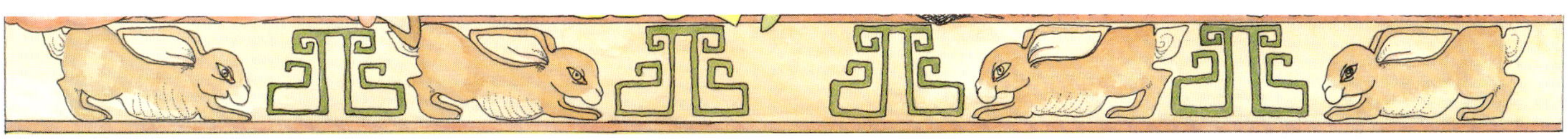

Wie die zwölf verschiedenen Persönlichkeitstypen zum Hasen passen

Hase und Ratte 鼠

In dieser Beziehung ist der Ratten-Geborene der tonangebende Teil. Dabei braucht er im Grunde genommen die Gesellschaft des Hasen, was er allerdings nur selten zeigt. Folglich ist der Hase in dieser Partnerschaft unweigerlich der Verlierer. Wenn nicht gelegentliche Anfälle von Leidenschaft wären, würde der Hase die Beziehung wahrscheinlich aufkündigen. Wie es scheint, sind es diese Momente aber wert, auf sie zu warten.

Hase und Ochse 牛

Der Ochse ist ein Partner, der die Zuneigung des Hasen mit viel praktischer Unterstützung vergilt. Die beiden haben großes Verständnis füreinander. In wichtigen Punkten sind sie selten unterschiedlicher Meinung. Sie haben meist eine sehr traditionelle Einstellung, und wenn es der Beziehung an etwas fehlt, dann ist es die Abenteuerlust. Die beiden verbindet eine tiefe Liebe, die auch körperlich erfüllend ist. Allerdings überläßt es der Hase gewöhnlich dem Ochsen, die Initiative zu ergreifen.

Hase und Tiger 虎

Trotz der äußerlichen Unterschiede könnten Hase und Tiger das ideale Paar sein. Eigentlich unterscheiden sie sich lediglich in der Art und Weise, wie sie ihre Ziele verfolgen. Zwischen den beiden herrscht ein geheimes Einverständnis. Jeder ist in der Lage, die Bedürfnisse des anderen zu erfüllen, und ihre Liebe kann sowohl romantisch als auch leidenschaftlich sein.

Hase und Hase 兔

An einer Partnerschaft zwischen zwei Hasen ist wenig auszusetzen. Für beide sind Liebe und Zuneigung am wichtigsten. Seltsamerweise sind die Bande zwischen ihnen merkwürdig locker. Dennoch hält die Beziehung meist länger als viele konventionelle Partnerschaften. Vermutlich lieben beide Kinder und hätten gerne eine große Familie.

Hase und Drache 龍

Die Chinesen sagen, daß das Glück des Drachen verschwindet, wenn er den Hasen trifft. Diese Beziehung ist eine der wenigen, in denen der Hase der tonangebende Partner ist. Der Hase umgarnt normalerweise das Objekt seiner Begierde. Der Drache entdeckt vielleicht zu spät, daß es kein Zurück mehr gibt. Es kann sein, daß dem Drachen in finanzieller und physischer Hinsicht recht bald die Kräfte schwinden, da die Ansprüche des Hasen an seinen Geldbeutel und seine Zuneigung groß sind.

Hase und Schlange 蛇

Diese Beziehung hat etwas, das sich rationalen Erklärungen entzieht. Liebe auf den ersten Blick ist ein seltener Traum, aber genau das geschieht, wenn Schlange und Hase sich zum erstenmal sehen – ein magischer Augenblick. Die beiden setzen sich mit ihrem häufig beträchtlichen Altersunterschied über alle Konventionen hinweg, vor allem, wenn der männliche Partner der jüngere ist.

Hase und Pferd 馬

Wie Öl und Wasser können Hase und Pferd sich vermischen, aber sie werden sich nie verbinden. Ihre Beziehung beruht eher auf Kameradschaft als auf Liebe. Diese Partner zeigen ihre innersten Gefühle häufig erst, wenn sie die Lebensmitte bereits überschritten haben und es zu spät dafür ist. Aber es ist nicht alles verloren, da eine dritte Person – etwa ein Kind – häufig für Stabilität und Zufriedenheit sorgt.

Hase und Schaf 羊

Nach den Regeln der chinesischen Astrologie müßte die Verbindung von Hase und Schaf äußerst erfolgreich sein, und tatsächlich ist diese Beziehung sicherlich eine der glücklichsten des Hasen. Die Partnerschaft mit dem Schaf ist einzig deshalb nicht die ideale für den Hasen, weil diese beiden Menschen derart ineinander aufgehen, daß sie die Welt um sich herum vergessen.

Hase und Affe 猴

Hase und Affe geben ein äußerst unterhaltsames Paar ab. Sie passen keineswegs gut zueinander, aber die Unterschiede zwischen ihnen verleihen ihrem Leben Würze und Abwechslung. Der Hase ist fasziniert vom Affen, der immer für Überraschungen gut ist, und der Affe ist dem Hasen dankbar für seine Unterstützung und seinen Trost, wenn Pläne sich zerschlagen. Allerdings gestaltet sich ihr Zusammenleben nicht ohne Probleme: Affe und Hase haben viele widersprüchliche Interessen, und so fällt es ihnen schwer, Entscheidungen zu treffen. Das könnte auf lange Sicht die Beziehung aus dem Gleichgewicht bringen. Affe und Hase müssen Kompromisse schließen, wenn sie zusammenbleiben wollen.

Hase und Hahn 鷄

Diese Beziehung ist nicht gerade einfach für den Hasen. Meist haben beide Partner hohe Erwartungen aneinander. Wenn ihnen aber klar wird, daß der andere auch nur ein Mensch ist, kann aus Enttäuschung über das zerstörte Traumbild Verärgerung entstehen. Hase und Hahn sollten sich nicht auf Dauer aneinander binden, solange sie sich nicht völlig sicher sind, daß sie mit den Folgen umgehen können. Der Grund für unerklärliche Stimmungsumschwünge und einen Widerwillen gegen ein aktives Sexualleben könnte in einer Fehlinterpretation der körperlichen Bedürfnisse des Partners liegen.

Hase und Hund 犬

Die anfängliche Anziehungskraft zwischen Hund und Hase ist manchmal sehr groß, aber eine Beziehung, die auf Leidenschaft aufbaut, hält kaum auf immer und ewig. Leider ist es nur allzugut möglich, daß die Direktheit des Hundes über kurz oder lang den empfindlichen Hasen abstößt, während genau die Qualitäten, die den Hasen ursprünglich so anziehend für den Hund machten, mit der Zeit ihren Reiz verlieren können. Trotzdem können sie zusammen glücklich sein, wenn sie sich genug Raum lassen.

Hase und Schwein 豬

Diese Beziehung ist sowohl für das Schwein als auch für den Hasen eine der glücklichsten überhaupt. Wenn das Familienleben wichtiger als die Karriere ist und die häuslichen Annehmlichkeiten wichtiger sind als Ruhm und Geld, dann sind diese beiden Menschen wie füreinander geschaffen. In dieser Partnerschaft ist meist das Schwein der Versorger. Der Hase wiederum wird sein möglichstes tun, um die Aufmerksamkeit des Schweins mit Freundlichkeit und Rücksichtnahme zu vergelten. An einem wird es diesem Paar nie mangeln – an Liebe.

KAPITEL FÜNF

DER DRACHE

Stimme die Saite neu, ändere die Richtung

Seit drei Tagen regnete es ohne Unterlaß. Die Bäche waren zu reißenden Strömen angeschwollen. Das den Pfad hinunterfließende Wasser hatte die von den Füßen unzähliger Pilger geglätteten Steine in Spiegel verwandelt, die im Mondschein glänzten und den Weg zu dem verfallenen Tempel wiesen.

Pai-ming erklomm mühsam den Berg, immer wieder mußte sie sich an den Ästen der Kiefern festhalten. Der große Vorhof des Tempels war mit Unkraut überwuchert, aber nach der Dunkelheit des Waldes empfand sie das offene Gelände als eine Wohltat.

Von der niedrigen Mauer aus konnte sie die Lichter der Häuser unten im Tal erkennen. Sie setzte ihre Schultertasche ab und holte eine bronzene Schüssel und einen Krug hervor. Sie trug beides zum Tempel. Wenn alle anderen Heilmittel versagten, war das vom Dach eines Heiligtums herabfließende Wasser die letzte Hoffnung der Kranken. Von den geschnitzten Drachen am Dachvorsprung war nur noch einer unversehrt. Er spie Wasser.

Pai-ming füllte ihre Schüssel mit diesem wertvollen Naß und wollte es gerade in den Krug umgießen, als sie bemerkte, daß die Türen des Tempels lediglich angelehnt waren. Ein schwacher Lichtschein drang durch den Spalt. Die Neugierde war stärker als die Vorsicht, und sie tastete sich langsam über die Terrasse an die Türen heran.

Das Licht stammte von einer einzigen Kerze, die ausreichte, um den gesamten Innenraum zu erleuchten. Äußerst überrascht stellte sie fest, daß die Schäden am Tempel vor kurzem ausgebessert worden zu sein schienen. Vor einer Statue von Tai Sui, dem Gott der Zeit, glomm Räucherwerk, und dicke, wohlriechende Wolken stiegen zu den rotgestrichenen Dachbalken auf.

An einem Tisch brachte ein schwarzgekleideter Priester mit sorgfältigen Pinselstrichen Schriftzeichen zu Papier.

Pai-ming drückte sanft gegen die Tür. Zu ihrem Entsetzen gab sie ein lautes Quietschen von sich, was die Aufmerksamkeit des Priesters erregte. Ohne aufzusehen, bat er sie herein. Ein greller Blitz und ein Donnerschlag scheuchten eine weiße Eule auf. Erschreckt stürzte Paiming in das Innere des Tempels.

«Es ist recht ungewöhnlich, zu so später Stunde noch Besuch zu erhalten.» Die hohle Stimme des Priesters hallte in dem Raum wider. «Wer müht sich durch den Regen, um Wasser zu holen?»

Pai-ming nahm all ihren Mut zusammen und antwortete: «Der Mann, den ich heiraten soll, ist schwer krank und hat seit Tagen die Augen nicht mehr aufgetan. Die Ärzte sagen, daß er nicht überleben wird. Daher bin ich gekommen, um Wasser vom Tempeldach zu holen.»

Der Priester schrieb weiter und sagte dann: «Wenn es ihm bestimmt ist, wieder gesund zu werden, wird dies auch geschehen. Alles steht geschrieben in den Büchern der Herren der Zeit. Einer der sechzig Priester von Tai Sui hat schon das Schicksal deines Geliebten niedergeschrieben. Möchtest du es erfahren?»

Pai-ming brachte kein Wort heraus, nickte aber ängstlich. Der Priester nahm eine Schriftrolle aus einem Schränkchen. «Der Himmel wird dich reich entlohnen. Dein Geliebter wird innerhalb von drei Tagen genesen. Wasche jeden Morgen sein Gesicht mit dem Wasser, das du aufgefangen hast. Du mußt ihm aber auch Tee aus der Wurzel der Blume der Langlebigkeit zu trinken geben.

Und jetzt müssen wir nachsehen, was die Herren der Zeit für dich aufgezeichnet haben. Mir ist schon bekannt, daß du im Jahr des Drachen geboren wurdest, denn du verfügst über besondere Gaben. Doch hüte dich vor dem Hasen; deine Kräfte werden sich wie Tau verflüchtigen, wenn er sich nähert. Der Mann, der im Jahr der Ratte geboren wurde, kann dich führen; ohne seinen Rat wird dir Leid widerfahren. Wähle weise, oder wähle gar nicht.»

Pai-ming hörte ängstlich zu. Sie hatte nichts, was sie ihm geben konnte. Als würde er ihre Verwirrung spüren, erhob der Priester die Hand und sagte: «Wenn du dich erkenntlich zeigen möchtest, es gibt da etwas, was du tun könntest – aber nicht für mich.

Vor vielen Jahren war ich Schüler im Kloster der Roten Türme. Ich lernte, die Kranken zu heilen und die Unheilbaren zu pflegen. Das Kloster befindet sich nicht weit von hier, aber weil dort einst die Pest wütete, haben alle Angst, dorthin zu gehen. Denjenigen, die dort leben, mangelt es an nichts, außer an der Freude, mit Menschen aus der Welt jenseits ihrer Mauern zusammenzutreffen. Bringe ihnen keinen Reis oder Früchte oder andere Geschenke. Vielmehr sollst du für sie tanzen und singen.»

Pai-ming erklärte sich einverstanden. «Was soll ich sagen, wer mich schickt?» Der Priester dachte einen Augenblick nach. «Wenn sie sich meiner noch erinnern, dann an Pu-tso, den Taoisten.»

Pai-ming hielt sich genau an die Anweisungen des Priesters und flößte Kan den besonderen Kräutertee ein. Am Morgen des dritten Tages, als Pai-ming gerade sein Gesicht wusch, schlug er die Augen auf. Und genau wie der Priester vorhergesagt hatte, erholte sich Kan schnell.

Der Tag, an dem Pai-ming Kan heiraten sollte, rückte immer näher, und sie machte sich zunehmend Sorgen.

Solange sie die Lage des Klosters der Roten Türme nicht kannte, war es ihr unmöglich, ihr Versprechen dem Priester gegenüber, dem Kan sein Leben verdankte, einzulösen.

Einige der Freundinnen ihrer Mutter, die Pai-ming schon manchmal beim Tanzen zugeschaut hatten, ermutigten sie weiterzumachen und überredeten ihre Mutter sogar, einen Musiker zu engagieren, damit er für sie spiele. Unglücklicherweise kam Kan an jenem Tag unerwartet zum Haus, sah, wie Pai-ming mit dem Musikmeister probte, und wurde wütend. Pai-ming fand, es sei an der Zeit, ihm zu erzählen, was sich im Tempel zugetragen hatte.

Kan ließ sich schließlich auf einen Kompromiß ein. «Du meinst also, daß du das diesem Scharlatan gegebene Versprechen halten mußt? Also gut, lerne deine Tänze. Führe sie im Kloster der Roten Türme auf, wenn es unbedingt sein muß. Aber von dem Augenblick an, da ich mein Siegel unter den Ehevertrag gesetzt habe, wirst du nie wieder tanzen, weder in der Öffentlichkeit, noch für mich – nicht einmal für dich selbst.»

Später sprach sie mit ihrer Mutter. «Kan ist ein Jahr älter als ich. Ich bin unter dem Zeichen des Drachen geboren. Und er?»

«Unter dem Zeichen des Hasen, warum?»

Der Musikmeister brachte schließlich die genaue Lage des Klosters der Roten Türme in Erfahrung. Es war nicht weit entfernt. Pai-ming, der Musikmeister und ihre Mutter beschlossen, sich am nächsten Morgen dort hinzubegeben. Viele der Kranken hatten jahrelang niemanden aus der Außenwelt zu Gesicht bekommen. Die Musik und vor allem Pai-mings Tanzen bereiteten ihnen eine Freude, der sie nur mit Tränen Ausdruck verleihen konnten.

Nach der Aufführung kam eine betagte Nonne auf Pai-ming zu.

«Wie schön, daß Sie den Menschen mit Ihrem Tanz so viel Freude bereiten können», sagte sie. «Ich bin überzeugt davon, daß Sie dies noch viele Jahre tun werden. Leider haben wir nichts außer unseren aufrichtigen Segenswünschen, was wir Ihnen zum Dank dafür geben können.»

Pai-ming lächelte. «Selbst das ist schon zuviel. Ich bin hier, um eine Schuld zu begleichen und um das Versprechen einzulösen, das ich dem gütigen alten Priester gegeben habe, der meinen zukünftigen Ehemann von seiner Krankheit geheilt hat.»

Die Nonne sah den Musikmeister an. «Sie beide werden sehr glücklich miteinander sein. Es ist unvorstellbar, daß Ihre Geburtszeichen nicht miteinander harmonieren. Unter welchem Zeichen sind Sie geboren, mein Fräulein?» «Ich wurde im Jahr des Drachen geboren.» «Und Sie, mein Herr?» «Im Jahr der Ratte.»

Pai-mings Herz begann zu rasen. Sie fragte: «Kennen Sie Pu-tso, den Taoisten?»

Die Nonne lachte. «Natürlich kenne ich ihn. Er war der Gründer dieses Klosters.»

«Und wann war das?» hakte Pai-ming nach.

Die Nonne dachte einen Moment lang nach und antwortete dann: «Vor ungefähr sechshundert Jahren.»

Die Persönlichkeit des Drachen

Der Drache ist das einzige Zeichen im chinesischen Tierkreis, das ein Fabelwesen darstellt. Er gilt als Symbol der Autorität, steht entweder für die übernatürlichen Kräfte oder für die Macht des Kaisers. In China ist es bei der Familienplanung sogar häufig ausschlaggebendes Kriterium, daß das Kind im Jahr des Drachen geboren wird. Denn diesen Kindern wird nachgesagt, daß sie, mehr als andere, dazu bestimmt sind, Ruhm zu erlangen und ein hohes Amt zu bekleiden.

So ist der Drache häufig ein Glücksbringer. Menschen, die unter dem Zeichen des Drachen geboren sind, verlassen sich gerne auf ihr Glück. Das kann so weit gehen, daß sie leichtsinnig mit ihrem Geld umgehen und keine Angst kennen.

Von allen Persönlichkeitstypen sind Drachen am ehesten Spieler. Zwar ist ihnen vorherbestimmt, wenigstens einmal in ihrem Leben richtig Glück zu haben, aber sie ruinieren sich manchmal selber, weil sie eher auf ihr Glück als auf harte Arbeit vertrauen.

Der Drache ist ein übernatürliches Tier, und Magie spielt eine große Rolle im Leben derjenigen, die im Jahr des Drachen geboren sind. Dies äußert sich manchmal in einem Interesse an den okkulten und mystischen Künsten. Häufig sind Drachen in den darstellenden Künsten aktiv. Sie blühen im Rampenlicht regelrecht auf und sonnen sich in ihrer Rolle als Publikumsliebling. Daher sind sie auch meist Stadtmenschen.

Drachen werden von allem Ungewöhnlichen, Bizarren oder Exzentrischen magisch angezogen. Sie sind große Träumer und haben eine äußerst lebhafte Phantasie, die sie ständig Pläne schmieden läßt. Den Drachen gebührt Bewunderung für ihre Fähigkeit, die neuesten Trends zu erkennen. Selbst mit einem Minimum an Mitteln gelingt es ihnen stets, mit ihrer Eleganz und ihrer Ausstrahlung Eindruck zu machen. Da Drachen ständig in Bewegung sind, fällt es ihnen schwer, sich festzulegen, und daher eignen sie sich am besten für Tätigkeiten, die schnell zu Ende gebracht werden können.

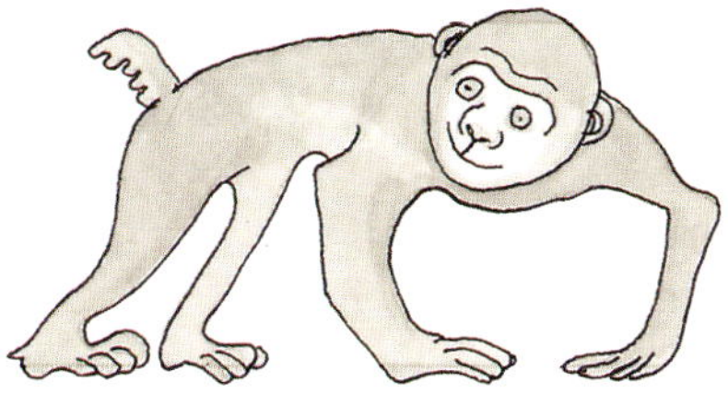

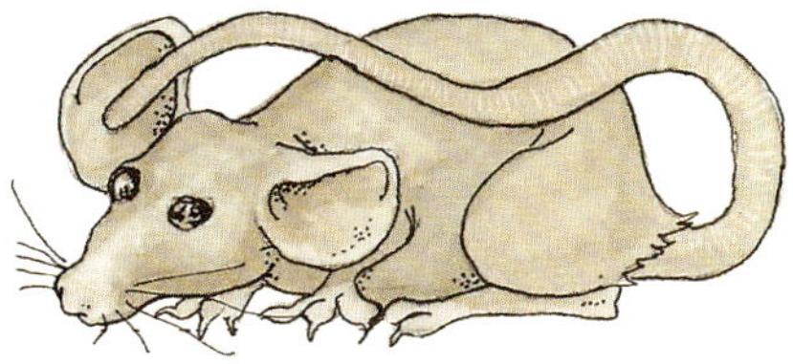

WER IST DER IDEALE PARTNER DES DRACHEN?

Es ist schwer, dem Drachen zu widerstehen, seiner Verwegenheit und seiner Eleganz. Aber seine Nähe ist auch gefährlich, denn allzuoft hinterläßt er eine Spur der Verwüstung.

Es gibt einige Persönlichkeitstypen, die perfekt zum Drachen passen. Wahrscheinlich zieht der Drachen-Geborene jemanden wie den Affen oder die Ratte vor, die nur zu gerne seine Gefährten wären und seinen eher unausgegorenen Plänen Kontur verleihen können. Das Pferd oder der Tiger zügeln die Neigung des Drachen zu Exzessen. Schaf und Ochse besitzen zuviel gesunden Menschenverstand, um sich mit den wilden Phantasien des Drachen abzugeben.

Was die Liebe angeht, so muß der Partner des Drachen mit einem impulsiven und kapriziösen Charakter zurechtkommen. Der Hund, dem Treue über alles geht, scheidet somit aus. Der Gefährte des Drachen sollte dessen Lebensfreude teilen. Ideal wäre der unbekümmerte Affe oder die Ratte, die begierig ist, an den Abenteuern des Drachen teilzunehmen.

Wie die zwölf verschiedenen Persönlichkeitstypen zum Drachen passen

Drache und Ratte 鼠

Die Ratte ist wohl der ideale Partner für den Drachen, denn die beiden teilen viele Ideale und haben ähnliche Interessen. Das einzige Problem bei diesem Paar ist die Tatsache, daß beide Meister darin sind, Luftschlösser zu bauen, während sie den praktischen Dingen des Lebens eher ratlos gegenüberstehen. Aber wenn sie ihre Köpfe zusammenstecken werden sie in der Regel erreichen, was sie sich vorgenommen haben. Ihre Liebe ist ehrlich und beständig.

Drache und Ochse 牛

Das ist nicht gerade die ideale Beziehung für den abenteuerlustigen Drachen. Der Ochse ist wahrscheinlich zu nüchtern, und der Wunsch des Drachen, in Bewegung zu sein, könnte ständig Anlaß zu Streitigkeiten geben. Beide haben feste Vorstellungen, was ihre Prioritäten anbelangt, aber leider stimmen diese nur selten überein. Die Partner müssen erkennen, daß Teilen und Verstehen mehr erfordert, als einfach gelegentlich nachzugeben. Erst wenn der Ochse die Aufregung des Drachen selbst erlebt und der Drache sich mit einer realitätsbezogenen Lebensweise arrangiert hat, werden die beiden wahrhaftes Glück finden.

Drache und Tiger 虎

Diese Partnerschaft ist sehr dramatisch und lebendig – eine Beziehung zwischen zwei starken und ehrgeizigen Persönlichkeiten. Obwohl der Tiger vielleicht einen dämpfenden Einfluß auf den Drachen ausübt, ist das Endergebnis positiv, denn dabei geht es nur um die extravaganten Launen des Drachen. Die beiden können in der Geschäftswelt, der Politik oder der Unterhaltungsbranche ein exzellentes Team abgeben. Ihr Liebesleben ist von leidenschaftlicher Intensität.

Drache und Hase 兔

Ein altes chinesisches Sprichwort will wissen, daß mit dem Auftauchen des Hasen das Glück des Drachen verschwindet. Diese Partnerschaft ist ungünstig für den Drachen. Sie funktioniert nur, wenn dieser bereit ist, sich dem Hasen ohne Wenn und Aber unterzuordnen. Das kann so weit gehen, daß er seinen Beruf aufgibt. Wenn diese Beziehung eine Überlebenschance haben soll, darf der Hase nicht versuchen, die Persönlichkeit des Drachen umzuformen.

Drache und Drache 龍

Die Drache-Drache-Beziehung ist von allen möglichen Partnerschaften am schwierigsten zu beurteilen. Manche Astrologen sehen Ruhm, Erfolg und Geld für dieses Paar, andere wiederum halten diese Beziehung für einen Fahrschein ins Verderben. Eines ist jedenfalls gewiß: Ein derart aufregendes Duo hat keine Zeit für alltägliche, gewöhnliche Dinge. Die beiden brechen mit der Tradition und schockieren manchmal sogar absichtlich. Auch ihr Liebesleben ist eher unkonventionell.

Drache und Schlange 蛇

Die Schlange ist introvertiert, der Drache extrovertiert. So ein Paar hat eine philosophische Art, mit Problemen umzugehen. Gleichgültig, ob es um allgemeine Themen oder um die Organisation des häuslichen Alltags geht – sie beleuchten die Lage stets von allen Seiten. Die beiden arbeiten gut zusammen und können Geheimnisse teilen. Als Liebespaar entwickeln sie eine starke Bindung zueinander, und es schmerzt sie, über längere Zeit getrennt zu sein.

Drache und Pferd 馬

Auf den ersten Blick scheint dies keine ideale Beziehung zu sein, aber diese beiden nach außen hin so unterschiedlich wirkenden Persönlichkeiten können viel voneinander lernen und profitieren. Der Drache schwebt gerne in höheren Regionen. Das Pferd dagegen ist in der Lage, einen Hauch Vorsicht einzubringen, indem es konstruktive und praktische Kritik übt. Wahrscheinlich ist das Pferd – unabhängig vom Geschlecht – der stärkere Partner in dieser Beziehung und wird den Drachen inspirieren und ermuntern.

Drache und Schaf 羊

Traditionell empfehlen chinesische Astrologen keine Drache-Schaf-Partnerschaft, da diese Beziehung gewöhnlich auf einer spontanen Vernarrtheit basiert. Das Schaf ist vom Charisma des Drachen beeindruckt, während dieser beim Schaf versteckte, unerforschte Tiefen vermutet. Aber im Grunde genommen sehen die Partner im anderen das Spiegelbild ihres eigenen Ich, und nur allzuleicht können sie beide enttäuscht werden. Damit die Partnerschaft Erfolg hat, muß der Drache erkennen, daß das Schaf ein empfindsames Wesen ist, das ständig der Liebe des Drachen versichert werden möchte.

Drache und Affe 猴

Dies ist sowohl für den Affen als auch für den Drachen eine ideale Beziehung. Die beiden fassen augenblicklich Zuneigung zueinander und können die Grundbedürfnisse des anderen erfüllen. Der Einklang dieser beiden Gemüter sucht seinesgleichen. Probleme folgen den beiden stehenden Fußes, aber stets sind es Probleme für die anderen. Sie selbst scheinen gegen jede Art von Unglück gefeit zu sein. Ihre Zuneigung schwindet auch im Lauf der Jahre nicht.

Drache und Hahn 鷄

Wenn der Drache der männliche Partner ist, kommt diese Beziehung dem Ideal so nahe wie nur irgend möglich. Wenn allerdings der Hahn der Mann ist, besteht die Gefahr, daß die Harmonie gestört wird und Mißtrauen, Argwohn und sogar offener Konkurrenzkampf herrschen. Um das zu vermeiden, sollten beide sich auf Richtlinien für ihre Beziehung einigen. Das gilt nicht nur für die Aufgabenverteilung im Alltag, sondern auch für das Liebesleben des Paares.

Drache und Hund 犬

Hund und Drache stehen einander im chinesischen Horoskop gegenüber. Das deutet an, daß diese beiden Persönlichkeiten einen extrem unterschiedlichen Charakter besitzen. Der nüchterne Hund, der allem Unkonventionellen mißtrauisch gegenübersteht, findet nicht allzuleicht Gefallen an dem exotischen, extrovertierten Drachen. Aber gerade aufgrund ihres gegensätzlichen Wesens können Drache und Hund genau die Charaktereigenschaften im anderen erkennen und schätzen, die ihnen selbst fehlen. Sie sind imstande, voneinander zu profitieren, wenn sie offen über ihre unterschiedlichen Einstellungen sprechen und Erfahrungen austauschen.

Drache und Schwein 豬

Das ist nicht gerade die ideale Partnerschaft für das Schwein, das lernen muß, sich mit den Stimmungsschwankungen des Drachen zu arrangieren. Der Drache benötigt vielleicht die emotionale und materielle Unterstützung des Schweins. Solch eine einseitige Beziehung kann zu einer echten Belastungsprobe für die Duldsamkeit des Schweins werden. Soll diese Partnerschaft von Dauer sein, muß der Drache dem Schwein gegenüber besonders rücksichtsvoll sein und sich bemühen, die Zuneigung und Hingabe zu erwidern, die dieses im Normalfall zeigt. Was ihr Liebesleben anbelangt, so wird das geduldige Schwein dem Drachen immer willfährig sein.

KAPITEL SECHS

DIE SCHLANGE

Zuviel Zeremoniell verbirgt Betrug

Li-hua ergriff die Hand des jungen Mannes und drückte sie zärtlich.

«Bist du sicher, daß ich deiner Mutter sympathisch bin?» fragte er. «Ich weiß es, Pao. Sie möchte nicht, daß ich mit irgendeinem alten Mandarin verheiratet werde.»

Pao klopfte aufgeregt an die Tür, und Li-huas Mutter bat ihn herein. «Setzen Sie sich. Ich glaube, wir haben es fast geschafft. Aber Li-huas Vater ist noch nicht ganz überredet. Und Ihr Arbeitgeber hat schon Geschenke übersandt.»

Pao schnitt eine Grimasse.

«Seien Sie realistisch junger Mann», fuhr Li-huas Mutter fort. «Egal was passiert, Sie werden frühestens in ein paar Jahren richtig für unsere kleine Li-hua sorgen können. Und gehen wir einmal davon aus, daß wir hier alles verkaufen und die Stadt verlassen müssen. Wären Sie denn bereit, sich mit uns auf das flache Land zurückzuziehen?»

«Für Li-hua würde ich alles tun, das wissen Sie.»

«Und was ist mit dir, Li-hua?» fragte sie, wohl wissend, daß ihre Tochter an der Tür lauschte. Li-hua betrat das Zimmer.

«Ich würde alles für ihn tun», sagte sie.

«Mehr brauche ich nicht zu wissen», antwortete ihre Mutter.

«Überlaß deinen Vater nur mir.»

Tsang Tsui stieß einen Stoßseufzer aus. Er schüttelte traurig den Kopf, bevor er antwortete.

«Ich weiß, daß die beiden sich lieben. Und es stimmt, was die alten Wahrsager meinen: ‹Wenn die Schlange den Hasen trifft, dann bedeutet dies echtes Glück.› Ich bin sicher, daß sie das perfekte Paar sind. Und wenn die Dinge anders lägen, würde ich unsere Li-hua nur zu gerne Pao heiraten lassen.

Aber was wird aus uns, wenn ich den Antrag des Mandarins Chao ablehne? Bedenke doch, wie viele Geschäfte er uns vermitteln würde. Wenn wir es zulassen, daß unsere Tochter seinen Angestellten heiratet, können wir ebensogut unsere Sachen packen und die Stadt verlassen.»

Seine Frau schlug auf den Tisch. «Dann laß uns umziehen! Was ist jetzt wichtiger? Du bist nicht arm. Wir könnten unseren Ruhestand recht angenehm verleben. Und mit Pao als Schwiegersohn, wer weiß, um wie viele Enkelkinder wir uns im Alter zu kümmern hätten! Auf alle Fälle mehr, als wenn Li-hua diesen geizigen alten Chao heiratet!»

Tsang Tsui fächelte sich Luft zu. «Ich weiß, daß du recht hast, Liebes, aber die Situation ist so kompliziert.» Plötzlich hellte sich sein Gesicht auf.

«Geizig hast du ihn genannt? Da kommt mir eine Idee. Mein Freund Niu kennt sich mit diesen Dingen aus.»

«Wozu brauchst du einen Antiquitätenhändler?» Sie hatte die Frage noch nicht ganz ausgesprochen, da hatte Tsang Tsui schon das Haus verlassen.

Niu stellte die Vase mit der apfelgrünen Glasur ab und begann damit, eine weitere abzustauben, die in Rot-, Blau- und Ockertönen strahlte.

«Schau dir dieses schreckliche Ding an, Tsui. Es ist für den Verkauf in den Westen gedacht. Diese ausländischen Teufel haben wirklich überhaupt keinen Geschmack.»

«Läuft das Geschäft gut?»

«Ich kann nicht klagen. Vor kurzem habe ich einen sehr guten Verkauf getätigt – einen von Li Bo, dem Dichter, höchstpersönlich geschriebenen Brief.»

«Wo kam der denn her?»

«Du wirst es vielleicht nicht glauben, aber ich weiß es nicht. Er wurde mir anonym zum Verkauf in Kommission zugesendet. Aber bisher ist noch niemand gekommen, um seinen Anteil zu kassieren. Rate mal, wer ihn gekauft hat? – Chao, der Mandarin. Er ist ein eifriger Sammler literarischer Handschriften. Stimmt es, daß er eure Tochter Li-hua heiraten möchte?»

Tsang Tsui nickte zustimmend. «Das ist eigentlich auch der Grund, warum ich gekommen bin. Ich benötige deinen Rat. Schau, das ist sein Horoskop, das er uns als Zeichen seiner Absicht, Li-hua zu heiraten, übersandt hat. Was hältst du davon?»

Niu betrachtete die Karte. «Wie ich sehe, ist unser Freund, der Mandarin, eine Ratte. Und eure liebreizende Tochter ist eine Schlange. Das ist einfach. Schlangen fangen Ratten. Gut für deine Tochter, aber weniger gut für Chao.»

Tsang Tsui lächelte zufrieden. «Danke. Genau das wollte ich hören.»

Chao, der in seiner Mandarinkleidung prächtig aussah, besaß die natürliche Würde eines Menschen, dem sich niemand widersetzen kann. Seine Ehrengäste waren aus gegebenem Anlaß Tsang Tsui und dessen Angehörige.

«Sie erweisen meiner Familie eine große Ehre», sagte Tsang Tsui, «aber ich muß Ihnen etwas für Sie Unangenehmes mitteilen. Ihr Horoskop paßt leider nicht zu dem unserer Tochter. Da sie im Jahr der Schlange geboren ist, würde sie Ihnen Unglück bringen.»

«Tatsächlich?» antwortete der Mandarin herablassend. «Haben Sie denn einen anderen Freier im Auge? Vielleicht sähen Sie es lieber, wenn sie meinen Angestellten heiratete? – Selbst wenn er ein Dieb ist.»

Pao, der etwas entfernt saß, sprang auf und beteuerte seine Unschuld. Der Mandarin gab einem Dienstboten ein Zeichen, woraufhin dieser mit einem Lacktablett hereinkam. Auf dem Tablett lag ein dünnes Büchlein.

«Dies ist ein Band mit Gedichten von Li Bo», verkündete der Mandarin. «Ein von dem Dichter geschriebener Brief war auch dabei. Er ist vor einiger Zeit verschwunden und tauchte dann in Nius Geschäft auf. Ich habe ihn sofort zurückgekauft.

Ich kenne die Umstände nicht, unter denen Niu zu dem Brief gekommen ist», fuhr Chao fort, «aber ich weiß, daß nur mein Angestellter Pao Zugang zu dem Brief hatte. Aber wir sind zum Feiern gekommen, und daher sollte ich großzügig sein. Der Brief befindet sich in Sicherheit, und in Anbetracht meiner großen Freude über die in Aussicht stehende Hochzeit bin ich geneigt, die ganze unangenehme Geschichte zu vergessen.»

«Mit Verlaub», sagte Li-hua, «wie können Sie beweisen, daß der Brief ursprünglich Ihnen gehörte?»

Der Mandarin lächelte triumphierend.

«Sehen Sie doch selbst. Die Löcher an der Seite des Briefes passen exakt zu denen im Einband.»

Li-hua war immer noch nicht überzeugt. «Würden Sie es mir gestatten, mich persönlich zu versichern, daß es wirklich Ihr Brief ist, und das Band zu öffnen, damit ich die Anordnung der Löcher genauer untersuchen kann?»

Frostig erklärte sich der Mandarin einverstanden.

Die Gäste beobachteten fasziniert, wie Li-hua den kostbaren Brief über das Buch mit den Gedichten legte.

Sie untersuchte sie sorgfältig und stellte dann fest: «Paßt perfekt.»

Der Mandarin lächelte. «Vielleicht haben Sie ja jetzt gelernt, meinen Worten zu glauben.»

«Pao ist kein Lügner und auch kein Dieb», sagte Li-hua warnend. «Was die Sache mit dem Brief anbelangt, so gibt es da einen Zeugen.

Das Band ist recht alt. Knicke darin sind leicht zu erkennen. Hier sind sechs zu sehen, wo das Band durch die Löcher im Einband gezogen wurde.

Das Band ist der einzige Zeuge für den wahren Tathergang. Die Löcher in dem Brief könnten absichtlich gemacht worden sein. Dazu mußte man einfach den Brief unter das Buch legen und die Stellen mit den Bandlöchern mit einem spitzen Gegenstand markieren. Aber wenn dies nicht geschickt genug gemacht wurde, wurde auch das brüchige Band von der Nadel durchlöchert.

Und es wurde nicht geschickt genug gemacht. Ich habe gute Augen, und wenn ich dieses Band vor eine Lampe halte, dann sehe ich die winzigen Löcher, wo die Nadel das Band genau am Rand der Knicke durchstochen hat. Wie ist das zu erklären?»

Der Mandarin schaute teilnahmslos geradeaus.

Li-hua wandte sich dem Niu zu. «Ich hoffe, Sie haben einen guten Preis für den Brief erzielt. Irgendwie glaube ich nicht, daß der Verkäufer seinen Anteil aus dem Erlös einfordern wird.»

Sie streckte Pao die Hand entgegen, verbeugte sich würdevoll vor dem Mandarin und führte die Gäste zur Tür.

Die Persönlichkeit der Schlange

Die Schlange ist in der chinesischen Astrologie ein starkes, positiv besetztes Zeichen. Im Westen dagegen wird sie im allgemeinen mit dem Teufel in Verbindung gebracht. Schlangen-Geborene sind berühmt für ihre Anmut und Eleganz. In Sachen Mode haben sie einen klassischen, guten Geschmack. In der Hauptsache sind es vornehme, kultivierte Menschen, die sich Achtung verschaffen und immer nach ihrer Meinung gefragt werden.

Schlangen als «geborene Anführer» zu bezeichnen ist nicht ganz zutreffend, aber sie gelangen relativ mühelos an die Spitze. Irgendwie schaffen sie es immer, mit Menschen in Kontakt zu treten, die wirklich das Sagen haben. Das beste Beispiel dafür ist die Fähigkeit der meisten Schlangen-Geborenen, eine gute Partie zu machen.

Schlangen haben auch ein geradezu unheimliches Talent, Geheimnisse zu lüften; gleichzeitig sind sie aber bewundernswert standhaft, wenn es um die Verbreitung von Informationen geht.

Der positive Aspekt dieser Eigenschaft ist der Forschergeist der Schlange, den sie sich in Berufen, die mit Wissenschaft, Ermittlungen oder Spionage zu tun haben, zunutze macht. Leider setzt die Schlange diese Talente manchmal schlecht ein und kann so zu dem Ruf gelangen, ein rechtes Klatschmaul zu sein.

Die vielleicht größte Schwäche der Schlangen-Geborenen ist das uralte Problem der Eifersucht. Die stets wachsame, mißtrauische Schlange braucht ständig die Bestätigung, daß der Partner treu ist. Der Grund für solche Selbstzweifel und dieses mangelnde Vertrauen kann ein Ereignis in ihrer Kindheit sein, bei dem die Schlange sich betrogen fühlte. Aber diese Angst muß überwunden werden, denn Eifersucht kann ein Zerstörer sein.

Sonderbarerweise sollte ihr Partner derjenige sein, der eifersüchtig ist, denn die Schlange hat den Ruf, eine Verführerin zu sein. Die hypnotischen Reize der – männlichen oder weiblichen – Schlange können auf jeden, der in ihren Bann gerät, eine verhängnisvolle Anziehungskraft ausüben, da die sinnlichen Signale, welche die Schlange aussendet, oft falsch verstanden werden. Die Schlange spielt auch häufig den Moralapostel.

WER IST DER IDEALE PARTNER DER SCHLANGE?

In der chinesischen Tradition heißt es, daß das Glück perfekt ist, wenn der Hase die Schlange trifft, doch gilt dies nur unter Vorbehalten. Hase und Schlange sind zwar nicht unverträglich, aber es gibt Tierzeichen, die besser zur Schlange passen.

Ochse und Hahn passen am besten zur Schlange. Der Ochse steuert die praktischen und physischen Mittel bei, damit die ausgeklügelten Pläne der Schlange durchgeführt werden können. Die Beziehung zwischen Schlange und Hahn führt zu völlig anderen Ergebnissen, da meist beide einen Hang zum Ungewöhnlichen haben.

Ein noch exotischerer und abenteuerlustigerer Gefährte für die Schlange könnte der Drache sein, aber in dieser Partnerschaft hat die Schlange wahrscheinlich nicht das Zepter in der Hand. Die Schlange braucht einen Partner, der ihre körperlichen Bedürfnisse versteht. Phantasien und Rollenspiele sind wichtige Bestandteile des Liebeslebens der Schlange. Vor allem der nüchterne Ochse hat zunächst vielleicht Probleme mit diesem Aspekt der Partnerschaft. Schlangen führen auch eifrig Tagebuch. Sie halten alle ihre Erfahrungen und Gedanken schriftlich fest, bevor und auch nachdem sie einen Lebenspartner gefunden haben. Oberflächliche Bekannte sollten dies im Hinterkopf behalten.

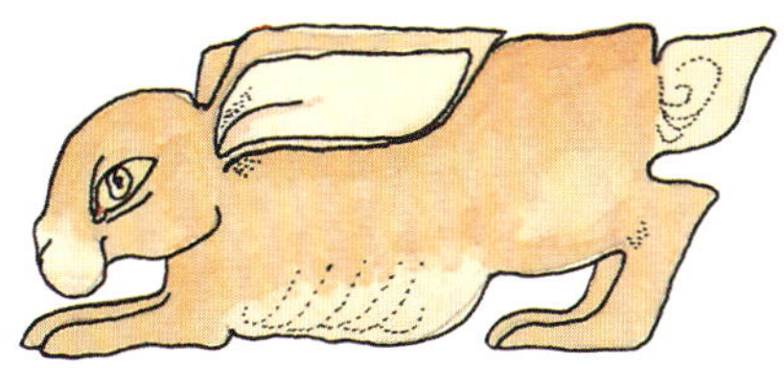

Wie die zwölf verschiedenen Persönlichkeitstypen zur Schlange passen

Schlange und Ratte 鼠

In dieser Beziehung gibt die Schlange den Ton an. Dies führt häufig zu unausgesprochenem Ärger bei der Ratte, der in einem plötzlichen Ausbruch zutage treten kann. Dann steht die Schlange ganz allein da. Daher liegt es in ihrem Interesse, sicherzustellen, daß der Ratten-Partner keinen Groll hegt. Das erreicht sie am besten durch offene Gespräche, in denen alles, was mit der Beziehung zu tun hat, zur Sprache gebracht wird. Da zwischen den körperlichen und emotionalen Bedürfnissen der beiden ebenfalls Welten liegen, müssen sie auch der Körpersprache des anderen besondere Aufmerksamkeit schenken.

Schlange und Ochse 牛

In dieser Beziehung ist vom Ochsen sehr viel Unterstützung zu erwarten. Aber die Schlange kann dem Ochsen ebenfalls helfen. Beide Partner sind bereit, Opfer zu bringen, um die Beziehung aufrechtzuerhalten, denn offensichtlich deckt sie einen Großteil ihrer Bedürfnisse ab. Ihre Liebe verbindet zwei vollkommen gegensätzliche Ansätze und ist doch für beide erfüllend.

Schlange und Tiger 虎

Die beiden Tiertypen verfügen über unterschiedliche Reize – der Tiger besitzt physische Ausstrahlung, die Schlange emotionale Anziehungskraft. Der Tiger bevorzugt offene Gespräche, während die Schlange der Auffassung ist, daß bestimmte Themen am besten nicht angeschnitten werden sollten. Die weibliche Schlange legt Wert darauf, daß der Partner ein Kavalier der alten Schule ist. Das kann dem Tiger, der darauf bedacht ist, einen guten Eindruck zu machen, zusagen, auch wenn er mit der Zeit vielleicht ein rüderes Benehmen an den Tag legt.

Schlange und Hase 兔

In der chinesischen Astrologie gilt diese Beziehung als die optimale Konstellation schlechthin. Bei ihr ist auch am häufigsten Liebe auf den ersten Blick im Spiel. Gefährdet ist diese Partnerschaft letztlich nur, wenn Schlange und Hase einander so verfallen sind, daß sie ihren Beruf oder die Familie vernachlässigen. Da aus dieser Ehe oftmals viele Kinder hervorgehen, muß in der Familie unbedingt von Anfang an auf Disziplin geachtet werden.

Schlange und Drache 龍

Drache und Schlange gehen in dieser emotional und körperlich anregenden Beziehung instinktiv auf die Bedürfnisse des Partners ein. Gemeinsam schaffen sie etwas, was andere, deren Alltag farbloser ist, in Erstaunen versetzen kann. Diejenigen, die glauben, es würde ihnen etwas einbringen, sich mit diesem kraftvollen Paar einzulassen, sollten sich der Folgen bewußt sein. Störenfriede sind diesen beiden nicht willkommen.

Schlange und Schlange 蛇

Die Partner bewundern sich gegenseitig und sehen im jeweils anderen die Verkörperung der eigenen Tugenden. Diese beiden können eng und einträchtig zusammenleben – gemeinsam planen, Dinge aushecken und arbeiten. In der Liebe sind sie experimentierfreudig. Schlangen haben häufig ähnliche Interessen und Hobbys, und dies trägt zweifellos zu ihrem intellektuellen Gleichklang bei.

Schlange und Pferd 馬

Zwar haben Schlange und Pferd oftmals unterschiedliche Interessen und scheinen schlecht zusammenzupassen, aber die Beziehung ist wahrscheinlich stabil genug, daß sie ohne Störung zusammenleben können. Wenn die Schlange die Partnerin ist und die traditionelle Rolle bereitwillig akzeptiert, kann sie sich eines fürsorglichen und großzügigen Partners gewiß sein. Ein männlicher Schlangen-Geborener allerdings läuft Gefahr, daß seine Pferd-Partnerin die Beziehung als selbstverständlich betrachtet. Die Schlange erkennt im Lauf der Zeit, wie wichtig dem Pferd ein fester Freundeskreis ist.

Schlange und Schaf 羊

Obwohl dies nicht die ideale Beziehung für die Schlange ist, fehlt es nicht an Liebe und Engagement. Die beiden Partner teilen viele Interessen, z.B. das an Musik und Literatur. Keiner von beiden möchte den anderen dominieren, und beide befriedigen gerne die Bedürfnisse des anderen. Die Schlange muß für die heikle Art des Schafs Verständnis entwickeln und sich hüten, dessen Neigung zur Selbstaufopferung auszunutzen. Das Schaf wiederum muß das Bestreben der Schlange tolerieren, an die Spitze zu gelangen.

Schlange und Affe 猴

Wahrscheinlich bringt das magnetische Charisma von Affe und Schlange diese beiden so verschiedenen Charaktere zusammen. Aber diese Beziehung ist manchmal instabil, da es schwierig sein kann, sie wohlbehalten durch schwierige Zeiten zu lotsen. Beide sollten die Magie genießen, solange sie da ist, aber keiner von beiden sollte sie zu genau unter die Lupe nehmen, da dies die Illusion zerstören könnte. Die körperliche Seite der Beziehung ist wahrscheinlich einer der Hauptgründe dafür, daß das Paar zusammenbleibt. Die Schlange muß erkennen, daß der Affe ständig Lob und Ermutigung braucht.

Schlange und Hahn 鷄

Obwohl Schlange und Hahn sich oft uneins sind, könnte diese Beziehung eine der erfolgreicheren des Schlangen-Geborenen sein – vor allem, wenn sie eng mit Beruf und Geschäft verknüpft ist. Der Hahn hat gewisse Eigenschaften, welche die Schlange äußerst anregend findet. Vorausgesetzt, die Schlange macht Zugeständnisse an die Bestimmtheit und die übersteigerte Eigenliebe des Hahns, und der Hahn erkennt, daß die Schlange normalerweise einen kleinen Schubs braucht, um Erfüllung im Leben zu finden, dann dürfte diese Beziehung gut laufen. In schwierigen Zeiten ist der Hahn loyal und hilfreich.

Schlange und Hund 犬

Dieses Paar hat nur wenige Berührungspunkte. In der Regel ist der Hund wesentlich konservativer als die Schlange, während die Schlange häufig ein ganz anderes intellektuelles Niveau und eher die Oberhand besitzt. Wenn die beiden jedoch zusammenkommen und eine langfristige Beziehung eingehen, profitiert die Schlange vom Hund als unterstützendem und treuem Partner. Allerdings kann es wiederholt Mißverständnisse geben, welche die Loyalität des Hundes auf eine harte Probe stellen.

Schlange und Schwein 豬

In dieser Beziehung gibt die Schlange meist den Ton an, sollte dies aber nicht als Vorteil betrachten. Vielmehr könnte das für beide Partner zum Problem werden. In die Beziehung muß sehr viel investiert werden, damit sie lebendig bleibt. Beide Charaktere besitzen die Fähigkeit, für das Gelingen der Partnerschaft zu sorgen. Wenn aber kein zusätzliches Element – beispielsweise derselbe Beruf oder Kinder – vorhanden ist, das diesem Paar ein Ziel gibt, könnten die beiden Gefahr laufen, sich zeitweise auseinanderzuleben. Beide müssen sich ernsthaft bemühen, gegenseitiges Verständnis zu entwickeln.

KAPITEL SIEBEN

DAS PFERD

Wer ist der Mann und wer die Frau?

«Beeilung mit den Entenfüßen! Noch zwei Portionen gebratenen Tofu! Und was ist mit den Dattelklößen?»
Mit ein paar geschickten Handgriffen ließ die Köchin das siedendheiße Essen auf die Teller gleiten. Ihre Tochter Mo-lan eilte hinaus und plazierte diese ebenso gekonnt auf den Tischen.

Der überdachte Innenhof des kleinen Gasthauses war brechend voll mit Gästen. Für Mo-lan und ihre Mutter war der längste Tag des Jahres auch der arbeitsreichste. Aus der gesamten Provinz waren Menschen auf dem Pferdemarkt zusammengekommen, um an den jährlichen Wettkämpfen teilzunehmen, um zuzuschauen oder Wetten abzuschließen. Während der nächsten fünf Tage würden Vermögen gewonnen und verloren werden.

Die Gäste des Wirtshauses waren zumeist Ortsfremde, aber an einem Ecktisch saßen auch einige einheimische Burschen. Einer von ihnen rief in Richtung Küche: «Du, Mo-lan, wie frisch ist der Stockfisch?»

«Heute reingekommen, genau wie der Wein!» kam es zurück. Der junge Mann lachte aus vollem Hals über den alten Witz.

Mo-lan war sehr beliebt bei den Jungen und wurde von den Mädchen um ihr Aussehen und ihre Persönlichkeit beneidet. Sie respektierten Mo-lan, da jedermann wußte, daß sie nur für einen einzigen Augen hatte.

«Los, Jungs!», rief eine der Aushilfen. «Eßt auf, trinkt aus und zahlt! Sonst wundern sich die Pferde noch, wo wir stecken.»

Die Jungen machten sich über die Reisschüsseln her und leerten sie in wenigen Minuten. Sie waren gerade fertig, als sich ihnen ein Mann näherte. Er war älter als die Burschen an dem Tisch und strahlte Selbstsicherheit und Autorität aus. Er hatte den triumphierenden Gesichtsausdruck desjenigen, der gerade einen Preis gewonnen hat. Einer der Jungen pfiff.

«Hallo, Mo-Lan, beeil dich! Dein Liebster ist hier.»

Kung grinste und breitete ein Stück Papier auf dem Tisch aus. Es war ein kaiserlicher Geldschein.

Mo-lan heuchelte Desinteresse.

«Das also nennst du Geld, Kung? Heißt das, daß du mich endlich heiraten wirst?»

Kung zuckte mit den Achseln.

«Na los, Kung, frag sie schon», drängte ihn Pai-hu.

«Ich würde nie eine Frau heiraten, die mir einen Antrag gemacht hat», sagte er hochmütig. «Ich habe meinen Stolz.»

«Aber ich habe echtes Geld, Kung», erklärte Mo-lan. «Du kannst mein Angebot annehmen oder es bleibenlassen. In dieser Gegend wirst du kein besseres erhalten.» Sie hatte recht, und beide wußten es.

Kung stürzte sein Bier hinunter. Er haßte Frauen, die ihm nachrannten, und davon gab es gewiß genug. Es ließ sich nicht leugnen, daß Mo-lan ein guter Fang war. Aber es war die Aufgabe des Mannes, die Frau zu fangen – und nicht umgekehrt. Mo-lan sei ein Feuer-Pferd, hatte seine Mutter gesagt, zu eigensinnig, um eine gute Ehefrau zu sein. Nur ein Tiger könne sie zähmen. Und er war dieser Tiger.

Kung stand auf. «Ich gehe zurück zu den Rennen. Jemand muß ihnen zeigen, was ein richtiger Mann ist.»

«Ein richtiger Mann», spottete Mo-lan. «Du sitzt auf einem Esel und bildest dir ein, du seist Dschingis-Khan.»

«Glaubst du etwa, daß Reiten leicht ist?» antwortete Kung. «Du solltest es ausprobieren!»

«Ach, ihr Männer seid so eingebildet. Alles, was ein Mann kann, kann eine Frau noch besser.»

«Mir scheint, du rechnest dir Chancen bei einem Rennen aus?»

«Warum nicht? Wie hoch ist der Einsatz?»

Kung hielt sein Preisgeld hoch. «Wenn du so scharf darauf bist, wie wäre es damit, Mo-lan?»

«Warum nicht?» erwiderte sie. Alle befanden sich in heller Aufregung. Manche versuchten, Mo-lan von ihrem Vorhaben abzubringen, aber sie blieb standhaft. Kung
sah sich gezwungen zu fragen: «Ich nehme an, du kannst reiten?»

Mo-lan runzelte die Stirn. «Ich nehme es an.» Kung war verwirrt. «In Ordnung. Wo und wann?» fragte er.

Mo-lan blickte sich im vollbesetzten Innenhof des Gasthauses um. Alle Augen ruhten auf ihr. Sogar die ortsfremden Gäste zeigten Interesse an der Auseinandersetzung, denn die Aussicht auf ein neuartiges Rennen stellte alle offiziellen Wettkämpfe in den Schatten. «Hier und jetzt», antwortete Mo-lan. Kung schickte nach Pferden, während die Bahn festgelegt wurde.

Die Nachricht verbreitete sich wie ein Lauffeuer, und als Mo-lan, Kung und die Pferde bereit waren, stand eine aufgeregte Menge entlang der improvisierten

Rennbahn. Das Signal wurde gegeben, und die beiden Reiter preschten los.

Mo-lan lag schnell in Führung. Als sie einen alten Baum erreichten, der die Hälfte der Strecke markierte, begann Kung, sie zu überholen. Fast schien es, als würde sie ihr Pferd absichtlich zurückhalten.

Erstaunlicherweise schien es Mo-lan nichts auszumachen, verloren zu haben. Niedergeschlagen kam ihre Mutter mit soviel Kupfermünzen heraus, wie sie für Kungs Preisgeld brauchte. Der junge Mann wischte sich das Gesicht ab und bemitleidete Mo-lan.

«Ach, das war doch noch gar nichts. Lediglich ein leichter Galopp. Jetzt bin ich in der Stimmung für ein richtiges Rennen.»

«Wie meinst du das, ein richtiges Rennen?»

«Eine längere Strecke und ein höherer Einsatz.»

«Du meinst, doppelt so lang? Und ein doppelt so hoher Einsatz?»

«Ich setze meine Hälfte des Gasthauses.»

Kung zögerte. Sein wertvollster Besitz war sein Pferd, aber selbst das war nur einen Bruchteil dessen wert, was Mo-lan setzen wollte. Er konnte bei Mo-lans Wette keinesfalls mithalten. Aber sie hatte schon eine Antwort für ihn bereit.

«Wenn ich gewinne, fordere ich dich als Ehemann.»

Die Zuschauer applaudierten. Als diejenigen, die nach dem Ende des letzten Rennens davongeschlendert waren, das hörten, eilten sie zurück und brachten noch viele aufgeregte Schaulustige mit.

Pai-hu nahm Kung beiseite. «Hör zu, das könnte eine ehrenhafte Möglichkeit sein, Mo-lan zu heiraten. Du mußt nur das Rennen verlieren.»

Kung starrte den Jungen mit glasigem Blick an.

«Ich habe dich nicht gehört. Was hast du gesagt?» knurrte Kung.

Pai-hu schüttelte den Kopf und ging davon.

Mit gespieltem Ernst nahm der Ordner einen Wimpel von seiner Robe, entrollte ihn feierlich und gab das Startzeichen für das Rennen. Mo-lan und Kung hatten beide einen schlechten Start, aber Kung fing sich als erster und näherte sich bereits in gestrecktem Galopp dem Baum, der den ersten Wendepunkt der Rennbahn markierte.

Mo-lan trieb ihr Pferd hektisch an, und bald hatte sie Kung fast eingeholt. Sie galoppierten immer weiter, begleitet von den Rufen und dem Beifall des Publikums. Mo-lan gewann zentimeterweise an Boden. Dann war plötzlich alles vorbei. Kung hatte gewonnen. Mo-lan weinte vor Enttäuschung.

Kung hielt einen Becher Wein in die Höhe, sein Gesicht war gerötet vor Stolz.

«Auf eine ehrenvolle Verliererin», rief er. Er drehte sich zu Mo-lan um, aber diese kehrte ihm den Rücken zu und hatte das Gesicht in den Händen vergraben. Sie hatte alles verloren, und wofür?

Kung fühlte Mitleid in sich aufwallen. Er wußte, was er zu tun hatte.

«Als Gewinner dieses Rennens», rief er mit gestrenger Stimme, «verlange ich den mir zustehenden Preis. Mo-lan, ich fordere dich zur Frau.»

Langsam stand Mo-lan auf und warf sich dann, begleitet von den Rufen der begeisterten Menge, in Kungs Arme.

Die Persönlichkeit des Pferdes

Sie können sicher sein, daß sich, wann immer es um die Gleichberechtigung von Mann und Frau geht, unter den lautstärksten Rednern ein Pferd-Geborener befindet, denn das Zeichen des Pferdes ist eng mit diesen Fragen verbunden.

Die Chinesen ordnen alles entweder Yin, dem weiblichen, empfangenden, vom Mond verkörperten Prinzip, oder Yang, dem männlichen, positiven, von der Sonne verkörperten Prinzip, zu. Die alten buddhistischen Mönche wählten das Pferd als Symbol für die Yang-Kraft in ihrer reinsten Form. Im chinesischen Kalender fällt der längste Tag in den Monat des Pferdes, und die Stunde des Pferdes beginnt um zwölf Uhr mittags, wenn die Sonne am höchsten steht. In alten Zeiten war ein edles Pferd ein ebensolches Statussymbol wie ein schnelles Auto heute.

Der typische im Jahr des Pferdes geborene Mann hat traditionelle Ansichten. Er betätigt sich gerne sportlich und als Mitglied einer Mannschaft. Alleine engagiert er sich meist nur ungern: Für ihn ist die Anerkennung der Gruppe wesentlich wichtiger als persönliche Ehre.

Für Frauen, die im Jahr des Pferdes geboren wurden, kann diese grundlegende Eigenschaft zu einem ständigen Kampf führen: Wenn sie von Männern nicht als gleichberechtigt anerkannt werden, ziehen sie sich möglicherweise ganz in sich zurück und finden Trost in der Gesellschaft anderer Frauen. Dann kann es für sie sehr schwer werden, Beziehungen mit Männern einzugehen.

Kein anderer Typus hat derart falsche Vorstellungen hinsichtlich der Geschlechterrollen, sei es im Alltagsleben, sei es in der Zweierbeziehung. Sowohl männliche als auch weibliche Pferd-Geborene müssen daher versuchen, mehr Verständnis für das andere Geschlecht aufzubringen.

Als einziges Zeichen des chinesischen Horoskops wird ein bestimmter Pferd-Geborener traditionell besonders hervorgehoben. Es heißt, daß im Jahr des Feuer-Pferdes – das letzte war 1966 – Tyrannen und Despoten geboren werden und daß aus Kindern von Feuer-Pferden eine Generation von Revolutionären wird. Feuer-Pferd-Frauen werden besonders ehrfürchtig behandelt. Im alten China war es sehr schwierig, Ehemänner für diese Mädchen zu finden, und die Säuglingssterblichkeit lag in den Jahren des Feuer-Pferdes immer erheblich über dem Durchschnitt.

KAPITEL ACHT

DAS SCHAF

Ein zerbrochener Spiegel wird zusammengefügt

Lautlos glitt das Boot in ein weites, offenes Tal. Die Passagiere, ungefähr ein Dutzend an der Zahl, begannen, ihre Habseligkeiten zusammenzupacken. Der alte Steuermann lächelte die junge allein reisende Frau an und deutete nach vorne. Mit einer Mischung aus Staunen und Besorgnis erblickte Yen zum erstenmal den blendenden Glanz der Dächer des lamaistischen Klosters des Goldenen Buddhas.

Sie kletterte aus dem Kahn und kämpfte sich an den zahlreichen fliegenden Händlern und den Dorfbewohnern vorbei. Es war noch ein weiter Weg bis zum Kloster, aber immerhin befand es sich in Sichtweite. Sie folgte einem staubigen Fahrweg, der vom Fluß wegführte.

Nach einigen Kilometern begann Yen, müde zu werden. Sie schien dem Kloster kein bißchen näher gekommen zu sein, und so beschloß sie, eine Pause zu machen. Sie setzte sich und aß einen Reiskuchen. Sie schloß die Augen und wurde von dem leisen Bimmeln von Schafglocken und den getragenen Klängen einer Hirtenflöte in den Schlaf gelullt.

Plötzlich wachte sie auf. Die Glocken waren lauter geworden. Als Yen die Augen öffnete, sah sie zu ihrem Schrecken einen jungen Mann, der sie zu beobachten schien. Er war von der Sonne in den Bergen gebräunt, hatte langes, ungepflegtes Haar und war bekleidet mit einem einfachen Lederwams, das er höchstwahrscheinlich selbst angefertigt hatte.

Als er sah, daß Yen wach war, hielt er ihr auf einer Messerspitze ein Stück Pfirsich entgegen. Sie nahm es dankbar an und fragte sich dabei, ob die Bergbewohner wohl dieselbe Sprache sprachen wie sie. Zu ihrer Freude war dem so.

«Sie sind bestimmt auf dem Weg zum Kloster», sagte er.

Als sie nickte, fügte er hinzu: «Ich kann mit Ihnen kommen. Ich muß die Schafe höher hinauf bringen, bevor der Sommer vorbei ist. Zu dieser Jahreszeit komme nicht viele Pilger. Sie haben das Fest verpaßt.»

«Ich bin keine Pilgerin», verbesserte ihn Yen. «Ich werde Nonne.»

Der Schafhirte wirkte schockiert. «Aber Sie sind zu jung. Nonnen sind alte Frauen.»

Yen lachte. «Irgendwann waren auch sie einmal jung.»

«Ich finde, Sie sollten auf keinen Fall Nonne werden.»

Yen schüttelte den Kopf. «So einfach ist das nicht», antwortete sie und hob ihr Bündel auf.

«Warten Sie», rief der Schäfer. «Ich komme mit. Der Weg wird später sehr steil und gefährlich, aber es gibt da eine Schutzhütte, wo die meisten Pilger übernachten.»

Obwohl sie sich immer noch nicht sicher war, ob sie seine Dienste als Führer annehmen sollte, freute sie sich doch darüber, Gesellschaft zu haben.

Der Hirte schnürte seinen Proviant zu einem Bündel zusammen. Yen schaute zu, als er es sich auf den Rücken schnallte. Durch die geradere Haltung wirkte er wesentlich größer, ja gebieterisch. Er ging forschen Schrittes los. Yen hob ihr Bündel auf und folgte ihm.

Die Sonne war schon untergegangen, als der Hirte und Yen den Unterstand erreichten.

«Erzählen Sie mir», sagte er, als sie zusammen am Feuer saßen, «warum möchten Sie Nonne werden? Würden Sie nicht lieber heiraten?»

Yens Miene verdüsterte sich. «Ich wollte heiraten, aber ich kann nicht. Ich bin verpflichtet, dem Kloster beizutreten. Bis letztes Jahr war ich mit einem jungen Mann aus meiner Stadt verlobt. Er war aus gutem Hause, und meine Eltern holten Rat bei einem Astrologen ein. Er sagte, daß wir uns abgöttisch lieben würden, da ich im Jahr des Schafes und der junge Mann im Jahr des Schweines geboren sei.»

Der Schäfer schürte das Feuer und rührte im Topf. «Sie sind also ein Schaf? Ich bin ein Hund – ein Hund, der Schafe hütet.» Er drehte sich zu ihr um und grinste. «Dann hat der Astrologe sich also geirrt?»

«Nein. Der Mann, den ich heiraten sollte, hieß Chu-hsin. Wir verliebten uns, als wir einander vorgestellt wurden. Er schrieb mir jeden Tag wundervolle Briefe, und wir zählten die Stunden bis zu dem Zeitpunkt, an dem wir verheiratet sein würden. Dann ereignete sich etwas Schreckliches. Es waren Gerüchte von einer Verschwörung gegen den Kaiser in Umlauf, und ein hoher Beamter in dieser Stadt wurde beschuldigt, daran beteiligt zu sein. Mehrere Leute wurden verhaftet und hingerichtet, darunter ein Mandarin, der Chu-hsins Vater kannte. Auch Chu-hsins Vater wurde des Hochverrats beschuldigt, und die gesamte Familie wurde ins Gefängnis geworfen.

Ich setzte mich für Chu-hsins Familie ein und bot mich selbst als Geisel an. Der Ermittler schlug vor, alle Anklagen gegen Chu-hsins Familie fallenzulassen, vorausgesetzt, ich würde dem weltlichen Leben entsagen und für den Rest meiner Tage unablässig für das Wohl des Kaisers beten.»

Yen schaute zu Boden. Ruhig reichte ihr der Hirte eine Schüssel mit der Brühe, die er gerade gekocht hatte.

«Das ist der Grund für meine Reise zum Kloster.» Der Hirte sagte nichts. Yen lag auf der Decke, die er für sie ausgebreitet hatte, und ihr Kopf ruhte auf dem Bündel. Sie schloß die Augen, aber sie konnte nicht einschlafen. Die Nähe des Schäfers war gleichzeitig beruhigend und bedrohlich.

Er beugte sich über sie und flüsterte sanft: «Yen, hör mir zu. Morgen wirst du für immer eingeschlossen sein. Du wirst nie erfahren, wie schön es ist, bei einem Mann zu liegen. Laß diese Welt nicht hinter dir zurück, ohne Erfüllung gefunden zu haben.» Er streckte die Arme nach ihr aus.

Die Berührung ließ sie schaudern. Schreiend stieß sie den Hirten beiseite und rannte weg. Dabei stolperte sie über Steine und schnitt sich in der Dunkelheit an Dornbüschen. Sie rannte weiter, ohne zu wissen, wo sie sich befand, bis sie vor Angst und Erschöpfung zusammenbrach.

Yen schlief unruhig an der Stelle, an der sie zu Boden gesunken war, aber im kalten Morgenlicht kehrte sie zu der Schutzhütte zurück. Überrascht stellte sie fest, wie weit sie in der Dunkelheit gerannt war. Der Schäfer hatte schon ein Feuer entfacht. Er reichte ihr einen Becher heißen Tee. Sie trank und dankte ihm ohne Groll. Dann packte der Hirte seine Sachen zusammen und sagte: «Wir gehen jetzt los.»

In dem Kloster wurde Yen herzlich willkommen geheißen. Ein Lama brachte sie zu den Räumen der Nonnen, wo sie sich erholen und einige Tage in stiller Kontemplation verbringen konnte.

Yen war fünf Tage im Kloster, als ihr mitgeteilt wurde, der Hohe Lama wünsche sie zu sehen. Er schaute sie freundlich an und fragte sie, ob sie irgendwelche Bedenken wegen ihres Eintritts ins Kloster habe.

«Keine», antwortete Yen.

«Aber Sie sind nicht wirklich aus freien Stücken hierhergekommen. Ich möchte Ihnen mitteilen, daß der Richter Sie von Ihrer Verpflichtung entbunden hat – allerdings unter der Voraussetzung, daß jemand anders Ihren Platz einnimmt.»

Als er ihre Begeisterung sah, hob der Hohe Lama mahnend die Hand. «Vielleicht freuen Sie sich weniger, wenn Sie hören, daß Chu-hsin beschlossen hat, hier zu bleiben.»

Yen bedeckte ihr Gesicht. Der Lama las ihre unausgesprochenen Gedanken. «Wenn Sie in die Große Halle zurückkehren, werden Sie Chu-hsin zum letztenmal sehen. Sie können sich von ihm verabschieden, bevor Sie das Kloster verlassen.»

Nie war ihr eine so kurze Entfernung so lang erschienen. In der Großen Halle kniete eine in die Novizenkutte gekleidete Person vor dem Goldenen Buddha. Yen rief nach Chu-hsin. Der Novize drehte sich zu ihr um. Es war nicht Chu-hsin, sondern der Hirte. Plötzlich verstand Yen.

«Geh hinunter zum Fluß», sagte der Hirte. «Chu-hsin wartet dort auf dich. Ich habe seinen Platz eingenommen.» Er lächelte. «Ein guter Hund muß immer auf seine Schafe aufpassen.»

Die Persönlichkeit des Schafes

Im chinesischen Horoskop symbolisiert das Schaf die Qualitäten, die gemeinhin als typisch weiblich gelten, wie beispielsweise Sanftheit, Rücksichtnahme gegenüber anderen und problemlosen Gefühlsausdruck. Unabhängig vom Geschlecht ist der Schaf-Geborene ein Mensch, der viel Mitgefühl besitzt. Das Schaf wird es schwerhaben, eine Beziehung auf befriedigende Weise zu beenden. Hat es aber erst einmal den richtigen Partner gefunden, so kann es keine Zweifel bezüglich der Tiefe der Zuneigung geben, durch die die beiden zusammengeschweißt werden.

Schaf-Geborene gehen sowohl zu Hause als auch im Berufsleben methodisch vor. Sie legen Wert darauf, daß immer alles an seinem Platz ist, Organisation und Regelmäßigkeit sind ihnen sehr wichtig. Das geht so weit, daß die Gefahr besteht, daß sie sich zum Sklaven eines Systems machen. Sie achten sehr stark auf ihr Äußeres. Im Heim eines Schafes gibt es immer Zimmer, die eigentlich nur zum Vorführen da sind und so gut wie nie genutzt werden.

Viele Schaf-Geborene sind künstlerisch veranlagt. Bei manchen äußert sich dies passiv – sie hören Musik oder besuchen Museen. Andere wiederum sind aktiv, spielen ein Instrument, schreiben oder malen. Das machen sie eher zum eigenen Vergnügen als beruflich. Doch sollten die Schafe, die einen künstlerischen Beruf in Betracht ziehen, ihrem Gefühl folgen, da die meisten von ihnen zweifellos Talent für kreative Tätigkeiten haben.

Schafe möchten für konventionell gehalten werden, aber ihr Stil zeugt doch häufig von einer starken Persönlichkeit. Sie neigen auch dazu, aktuelle Trends widerzuspiegeln, ohne ihnen jedoch richtig zu folgen. Schaf-Geborene sind gerne in Gesellschaft. Während manche Menschen lieber in der Menge untergehen, erreicht das Schaf normalerweise das Gegenteil, indem es die Menge zu seinem Vorteil nutzt.

In vieler Hinsicht haben Schafe einen eigenständigeren Charakter, als es das Wort «Schaf» vermuten läßt. Allerdings bedeutet die chinesische Bezeichnung auch «Ziege», was den Individualismus und die Abenteuerlust der Schaf-Geborenen erklären könnte.

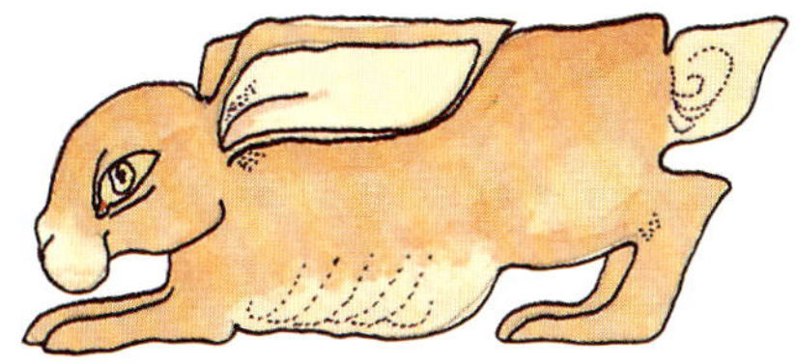

WER IST DER IDEALE PARTNER DES SCHAFES?

Manchmal ist der beste Partner ein Mensch, der vom Charakter her genau das Gegenteil darstellt. So wird sich eine Frau, die im Jahr des Schafes geboren wurde, wahrscheinlich zu einem Partner mit einer ausgeprägt männlichen Persönlichkeit hingezogen fühlen. Aber körperliche Anziehung ist keine Gewähr dafür, daß die beiden auch sonst zueinander passen. Wenn keine feste Grundlage vorhanden ist, die die Partnerschaft stabilisiert, kann die Leidenschaft schnell abkühlen. Und wenn das Schaf, vom Glanz des extravaganten Drachen geblendet, sich zu Dingen verleiten läßt, die ihm gar nicht liegen, wird es das später bereuen.

Die Beziehung zu einem Hund-Geborenen, normalerweise ein äußerst loyaler Freund, kann ihren Reiz verlieren, sofern keine gemeinsamen Interessen vorhanden sind. Die Beziehung zwischen Pferd und Schaf dagegen steht unter einem guten Stern. Diese beiden Komplementärzeichen lassen eine wirklich starke Bindung erwarten.

Normalerweise zieht das Schaf aber ein Leben mit jemandem vor, der nicht so unberechenbar ist, und findet es beruhigend, zu wissen, daß ihm in schwierigen Zeiten jemand zur Seite stehen wird. Partner, die diese Art ausgleichenden Einfluß ausüben können, sind vor allem der Hase und das Schwein. Sie bieten – jeder auf seine Art – dem Schaf eine stabile Beziehung.

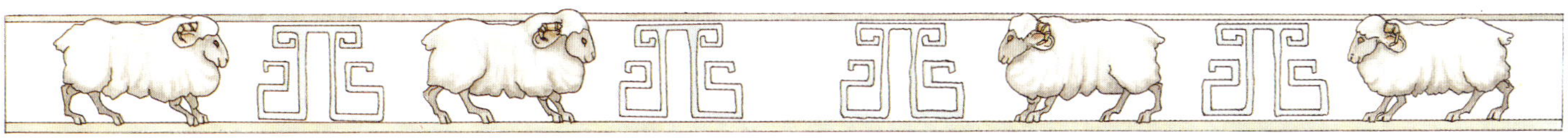

Wie die zwölf verschiedenen Persönlichkeitstypen zum Schaf passen

Schaf und Ratte 鼠

Ein traditionelles chinesisches Sprichwort warnt vor einer Beziehung zwischen Schaf und Ratte. Wenn es eine sofortige, körperliche Anziehung war, dann befand sich das Schaf möglicherweise in einer ungewöhnlichen Lage und brauchte vielleicht Hilfe. Manchmal können aber auch gemeinsame Interessen die beiden zusammenbringen; dann benötigt diese Beziehung allerdings Zeit, um zu reifen. Die Partner genießen ein Glück der besonderen Art.

Schaf und Ochse 牛

Das Schaf könnte es bereuen, sich auf diese einseitige Beziehung eingelassen zu haben. Der Ochse ist bei weitem der stärkere Partner, und sofern das Schaf nicht gerne eine untergeordnete Rolle spielt, könnte es sich schwierig gestalten, den häuslichen Frieden zu bewahren. Es ist besser, wenn das Schaf der männliche Partner ist. Doch selbst dann könnte seine Geduld mit dem Ochsen nach einer Weile am Ende sein. Diese Beziehung hat nur dann eine Zukunft, wenn das Schaf lernt, ohne Angst seine Meinung zu sagen.

Schaf und Tiger 虎

Da der Tiger einem sonst eher langweiligen Leben Würze verleiht, verfügt er einigen Schaf-Geborenen gegenüber über eine starke Anziehungskraft. Selbst wenn dieses Paar nur wenige gemeinsame Interessen hat, überlebt diese Beziehung, wenn beide ihre Rollen akzeptieren. Eine langfristige Bindung hat eher Aussicht auf Erfolg, wenn der Tiger der männliche Partner ist. Günstig ist auch, wenn er beruflich von Zeit zu Zeit verreisen muß, denn Schaf und Tiger wissen einander am meisten zu schätzen, wenn sie getrennt sind.

Schaf und Hase 兔

Für das Schaf ist diese Verbindung eine der geeignetsten. Die Beziehung ist vielleicht nicht gerade die aufregendste, aber sie ist gewiß eine der glücklichsten. Die Partner gehen liebevoll miteinander um, und die Partnerschaft ist geprägt von Romantik, Liebenswürdigkeit und Fürsorge. Beide sind nur mäßig ehrgeizig. Zwar träumen sie vielleicht von Reichtümern, aber sie sind sich darin einig, daß ein stabiles und sicheres Heim wesentlich wichtiger ist. Ihrer Zuneigung zueinander kommen einzig ihre Gefühle für ihre Kinder gleich.

Schaf und Drache 龍

Der Drache ist für das Schaf der Inbegriff von Erfolg. Das blauäugige Schaf verehrt den Drachen vielleicht selbst dann noch, wenn offensichtlich ist, daß dieser auch nur ein ganz gewöhnlicher Sterblicher ist. Irgendwann entpuppt sich die Magie des Drachen als Illusion. Diese Beziehung ist von Leidenschaft geprägt, aber die Romantik obliegt alleine dem Schaf.

Schaf und Schlange 蛇

Die Schlange ist vielleicht nicht gerade der ideale Partner für das Schaf, aber zwischen den beiden herrscht genug Vertrauen und Verständnis, um harmonisch zusammenleben zu können. Beide sind im Herzen romantisch veranlagt, und geistige Anregung ist für sie ebenso wichtig wie körperliche Anziehung. Wahrscheinlich haben sie sich über gemeiname Interessen kennengelernt. Die Schlange verhält sich dem Schaf gegenüber rücksichtsvoll und schätzt seine fürsorgliche Art. Die körperliche Seite der Liebe wird nicht vergessen, aber vielleicht haben beide zeitweise den Eindruck, daß es noch Höhen zu erklimmen gilt.

Schaf und Pferd 馬

Wenn das Schaf der weibliche Partner ist, dann ist diese Beziehung stabil und es bestehen starke Bande – in erster Linie körperlicher Art. Der männliche Pferd-Partner ist beruflich vielleicht häufig für längere Zeit auf Reisen. Wenn das Schaf der männliche Partner ist, dann ist die anregende Gesellschaft des weiblichen Pferdes wahrscheinlich auch nicht immer verfügbar. Selbst wenn Schaf und Pferd nicht durch höhere Gewalt voneinander ferngehalten werden, können ihr Lebensstil und ihre persönlichen Interessen so unterschiedlich sein, daß sie regelrecht getrennte Leben führen. Unabhängig von den Umständen im einzelnen ist in dieser Beziehung in der Regel der Pferd-Geborene der tonangebende Partner.

Schaf und Schaf 羊

Zwei Schaf-Geborene erwartet ein glückliches Leben ohne materielle Sorgen. Die beiden gehen wahrscheinlich auch völlig ineinander auf. Es stehen ihnen keine nennenswerten Überraschungen bevor. Schaf-Geborene haben eine ähnliche Lebenseinstellung und teilen viele außerhäusliche Interessen. Wahrscheinlich haben sie sich auch kennengelernt, weil sie Mitglied in demselben Verein oder derselben Freizeitgruppe waren. Ihre Liebe ist tief und umfassend, da beide die Bedürfnisse des anderen nur zu gut verstehen.

Schaf und Affe 猴

Hier haben wir es mit einem jener schwierigen Fälle zu tun, in denen zwei Persönlichkeitstypen aufeinanderprallen, die unterschiedliche Ansichten haben, aber dennoch genug Gemeinsamkeiten, um sich zueinander hingezogen zu fühlen. Der Affe hat dem Schaf in Sachen materielle Hilfe und geistige Unterstützung viel zu bieten, aber er verlangt im Gegenzug auch einiges dafür. Daher fragt sich das Schaf häufig, ob es ohne den Affen nicht besser dran wäre, selbst wenn eine Trennung schmerzhaft wäre. Es handelt sich um eine Beziehung, in der das Körperliche äußerst wichtig ist.

Schaf und Hahn 鷄

Diese Beziehung ist vielleicht nicht gerade ideal, aber solange sie besteht, ist sie für beide Partner eine erfüllende Erfahrung. Auch wenn zwischendurch immer wieder Probleme auftauchen, ist das Schaf am Ende auf alle Fälle klüger. Hahn und Schaf sind vielleicht eher durch die Umstände als durch ihre eigene Wahl zusammengekommen, und es kann eine Weile dauern, bis das Kräftespiel der körperlichen Anziehung zu wirken beginnt. Obwohl ein Hahn-Geborener eine starke Persönlichkeit besitzt, gibt das Schaf in dieser Beziehung in der Regel den Ton an. Wenn das Schaf Zugeständnisse an die grundlegenden Bedürfnisse des Hahns macht und der Hahn Kompromisse eingeht, dürften sie glücklich miteinander werden.

Schaf und Hund 犬

Der Hund-Geborene gibt zwar vielleicht sein Bestes, um die Interessen des Schafes zu wahren, aber der Schaf-Geborene dankt es ihm wahrscheinlich nicht. Ein Interessenkonflikt, bei dem beide Parteien der Überzeugung sind, zu wissen, was für den anderen am besten ist, kann kaum eine geeignete Grundlage für eine harmonische Beziehung sein. Daher könnte auch ihr Liebesleben schwierig und von Mißverständnissen geprägt sein. Wenn die Beziehung von Dauer sein soll, muß der Hund erkennen, daß das Schaf sich nicht gerne Vorschriften machen läßt. Dann stehen die Chancen für diese Beziehung gut.

Schaf und Schwein 豬

Der Schaf-Geborene, der ein glückliches und stabiles Familienleben, eine liebevolle Umgebung für die heranwachsenden Kinder und ein gemütliches Heim möchte, könnte keinen besseren Partner als das Schwein finden. Das Schwein hält dem Schaf alle Sorgen und Nöte vom Leibe. Dieses Paar hat die richtige Mischung zwischen harter Arbeit und Annehmlichkeiten gefunden. Seine Liebe ist tief und umfassend.

流水不腐

KAPITEL NEUN

DER AFFE

Fließendes Wasser steht niemals still

Das Bettlermädchen leerte seine Taschen aus und legte eine Handvoll Kupfermünzen auf die Steinbank. «Wieviel hast du bekommen?» fragte sie ihren Gefährten.

Ku-mien warf ein paar Münzen dazu.

«Ist das alles?»

«Das ist alles. Ich bin überall gewesen, Tian. Auf dem Markt, beim Tempel und am Hafen. Wie es scheint, hat gegenwärtig niemand Geld.»

«Die Stadt ist voller Menschen mit Geld!» fuhr ihn Tian an. «Du versuchst es einfach nicht am richtigen Ort. Reiche gehen nicht auf den Markt, um Kohl zu kaufen, oder an den Hafen, um Arbeit zu suchen. Du findest sie auf dem Jademarkt oder in den Gärten des Duftenden Baches.»

«Du glaubst doch nicht etwa, daß ich in diesen Lumpen auch nur in die Nähe solcher Orte komme?» erwiderte Ku-mien.

«Was soll ich denn da sagen?» platzte Tian heraus.

«Du siehst besser aus als ich. Deshalb gibt dir wahrscheinlich auch niemand Geld!»

Tia wurde weich. «Findest du wirklich?» fragte sie und küßte ihn liebevoll.

«Machen wir uns wegen des Geldes für den Augenblick mal keine Sorgen. Laß uns zum Gasthaus gehen. Du kannst Wein trinken, und währenddessen werde ich einen Plan ausarbeiten.»

Ku-mien stöhnte innerlich, denn Tians Pläne waren immer irgendwie mit Arbeit verbunden. Trotzdem ging er mit zum Gasthaus, fest davon übereugt, daß er für das erbettelte Geld reichlich Wein bekommen würde.

Tian trank nur einen Becher – der Bessere, pflegte sie zu sagen, muß einen klaren Kopf bewahren. Diese Arbeitsteilung sagte Ku-mien sehr zu. Es dauerte nicht lange, und er befand sich, genau wie Tian geplant hatte, im Zustand wohligen Vergessens.

Tian wartete, bis sie Ku-mien für betrunken genug hielt, und führte ihn dann in eine Gegend, in der mehrere reiche Kaufleute lebten. Sie lehnte Ku-mien gegen eine Wand, zog ihm alle Kleider aus und versteckte sie. Dann begann sie, um Hilfe zu rufen.

Rasch eilten Dienstboten herbei, um nach dem Grund für die Störung zu sehen.

Der Haushaltsvorstand folgte.

Tian rannte hysterisch schluchzend auf ihn zu.

«Oh, der arme Mann!» jammerte sie. «Bitte helfen Sie ihm! Er sah ein paar Männer, die über die Mauer kletterten, um bei Ihnen einzubrechen. Als er versuchte, sie aufzuhalten, nahmen sie ihm alles, was er bei sich hatte ..., sogar die Kleidung.»

«Meine Güte! Wer ist es denn?» rief der Kaufmann.

«Ich habe keine Ahnung», antwortete Tian. «Aber lassen Sie ihn wenigstens neue Kleidung anziehen!»

Ku-mien rieb sich den schmerzenden Kopf und setzte sich verwirrt auf. Aus unerfindlichen Gründen trug er neue Kleider.

«Was soll das?» fragte er Tian. «Bist du verrückt? Ich kann doch nicht in diesem Aufzug betteln gehen. Da werde *ich* um Geld gebeten werden! Das beste was ich tun kann, ist, zu versuchen, die Sachen auf dem Markt zu verkaufen.»

Tian war verletzt und beschloß, selbst zu den Gärten des Duftenden Baches zu gehen. Zwar würde man ihr den Zutritt zu den exklusiveren Teilen der Gärten verwehren, aber es gab mehrere Bereiche, die für alle zugänglich waren.

Sie war noch nicht weit gekommen, als eine Stimme ihr hinterherrief: «Soll ich Ihnen die Zukunft deuten?»

Sie drehte sich um und sah zu ihrer Überraschung, daß es sich bei dem Wahrsager um einen recht jungen Mann handelte. Sie zuckte bedauernd mit den Achseln. «Kein Geld, tut mir leid.»

Er lächelte. «Das macht nichts. Setzen Sie sich einfach einen Augenblick hin. Vielleicht ziehen Sie dadurch zahlende Kunden an.»

Er untersuchte ihr Gesicht und ihre Handfläche und fragte sie dann nach ihrem Geburtsdatum.

«Ich weiß, daß ich im Jahr des Affen geboren wurde», sagte sie.

«Ach so! Das erklärt es», meinte der Wahrsager. «In letzter Zeit haben Sie mit Ihrem derzeitigen Freund einige Probleme gehabt. Ist er, im astrologischen Sinne natürlich, ein Schwein?»

«Ja, warum?!» rief Tian aus. «Passen denn ein Schwein und ein Affe nicht zusammen?»

«Nein», antwortete der Wahrsager. «Sie brauchen Schutz von jemandem wie mir, einem Hund.»

«Ich bin schon vergeben.» Taktvoll wechselte sie das Thema: «Ich glaube, Sie hätten mehr Kundschaft, wenn Sie ein ansprechenderes Schild hätten.»

Sie nahm einen Pinsel und Papier und entwarf flott ein äußerst professionell wirkendes Geschäftsbild.

«Das ist meine Bezahlung für Ihre Dienste. Jetzt muß ich gehen und mein Schwein suchen.» Als sie sich einige Minuten später umschaute, sah sie zu ihrer Freunde, daß ihr neuer Freund von einer Gruppe potentieller Kunden umringt war.

Das schöne Wetter hatte viele Menschen in die Gärten gelockt, und Tian hatte mühelos genug Geld erbettelt, um sich ein anständiges Essen in dem Teehaus am See leisten zu können. Sie wollte gerade hineingehen, als sie Ku-mien in Gesellschaft einer jungen Frau von zweifelhaftem Ruf am Tisch sitzen sah. Schockiert rannte Tian davon.

Plötzlich wurde sie von zwei Grobianen aufgehalten. Sie wehrte sich, aber dann erkannte sie einen der beiden Männer.

Er schaute sie genau an und rief: «Ich habe dieses Mädchen schon irgendwo gesehen. Sie befand sich in Begleitung des Mannes, der den alten Wu gestern nacht um eine Garnitur Kleidung gebracht hat.»

Tian beteuerte ihre Unschuld, aber der Mann drehte ihr den Arm auf den Rücken. «Du kannst jetzt entweder mit uns zu Wus Haus gehen und ihm alles erklären, oder wir bringen dich vor den Richter.»

Widerwillig ließ sich Tian abführen. Es war schon demütigend genug, zum Gespött der Spaziergänger zu werden, aber noch schlimmer war es, mit Schimpf und Schande an dem jungen Wahrsager vorbeigezerrt zu werden, der sich eine Weile zuvor ihrer angenommen hatte. Zufällig blickte er auf und sah, wie sie gewaltsam weggeführt wurde.

Die Männer brachten Tian von den Gärten zu einem verwahrlosten Haus in der Nähe. Sie stießen sie in einen feuchten, fensterlosen Raum und schlossen die Tür hinter sich. Der Mann, den sie erkannt hatte, sagte: «Ich weiß, was für eine Sorte Frau du bist. Warum tust du dir nicht selbst einen Gefallen und bist ein bißchen nett zu mir und meinem Freund. Dann können wir alles über deine kleine Trickserei bei Wus Haus vergessen. Du mußt dich nicht sofort entscheiden.» Sie verließen sie und verriegelten die Tür von außen.

Nach kurzer Zeit kehrten die Männer von Wein gestärkt zurück. Der ältere Mann entriegelte die Tür, schaute in den Raum und rief: «Sie versteckt sich hinter dem Tisch. Komm da vor!»

Plötzlich taumelte er und ging zu Boden. Er hatte einen gewaltigen Tritt ins Gesicht erhalten. Sein Kumpan sprang zur Seite, war aber nicht schnell genug, um dem Schlag in den Nacken auszuweichen. Bevor die beiden sich erholen konnten, waren Tian und der Wahrsager hinausgerannt und hatten die Tür hinter sich zugeworfen und verriegelt.

Sie hörten erst auf zu laufen, als sie eine ruhige Straße erreicht hatten. Atemlos ließen sie sich zu Boden fallen und brachen in Gelächter aus. «Wenn du mir nicht gefolgt wärst, wüßte ich wirklich nicht, was passiert wäre», sagte Tian.

«Ich kann es mir vorstellen», antwortete ihr neuer Freund. «Es war ein ganz schöner Schock für ihn, einen Mann hinter dem Tisch zu entdecken. Aber noch schlimmer war es für ihn, als du von der Decke heruntersprangst. Wo hast du diesen Trick gelernt?»

«Würdest du mir glauben, wenn ich dir sagte, daß ich früher eine Akrobatin war?»

«Nach dem, was ich gesehen habe, würde ich dir alles glauben.»

Dann beugte er sich über sie und küßte sie.

Die Persönlichkeit des Affen

Der Affe steht für Agilität – nicht nur im körperlichen Sinn. Er besitzt auch einen wachen Geist, Schlagfertigkeit und die Fähigkeit, schwierige Situationen zu seinen Gunsten beeinflussen zu können. Affen-Geborene zeigen Interesse an technischen Dingen, an Geräten und Werkzeug aller Art. So kommt es, daß manche von ihnen erstklassige Juweliere oder Chirurgen sind. Andere wiederum, die rhetorisch begabt sind und denen logisches Denken liegt, schlagen vielleicht eine juristische Laufbahn ein.

Der König der Affen ist eine der beliebtesten Figuren in der chinesischen Literatur. Stets zu Streichen aufgelegt, scheint er sich von niemandem etwas sagen zu lassen, bis er sich bessert und hilft, die buddhistischen Schriften nach China zu bringen.

Eine der größten Gefahren für einen Affen-Geborenen ist wohl die Versuchung zu betrügen. Dank seiner geistigen Wachheit, merkt der Affe nämlich schnell, wie leichtgläubig die meisten Menschen sind.

Während einige Affen-Geborene ihre Talente zum Wohl anderer einsetzen, halten manche ihre Mitmenschen zum Narren. Man darf aber nicht glauben, sie seien vorsätzlich boshaft. Vielmehr sind Affen häufig der Auffassung, daß Gelegenheiten beim Schopf ergriffen werden sollten.

Da Affen-Geborene so lässig und unbeschwert wirken, werden sie manchmal auch dann nicht ernst genommen, wenn sie etwas Wichtiges zu sagen haben. Das führt zu manchen Frustrationen.

Aber der Affe wird schnell durch Erfahrung klug und vergißt die Lehren nicht, die er erhalten hat. Je älter und weiser der Affe wird, desto größer ist wahrscheinlich sein Ansehen, und man bringt ihm die Achtung entgegen, die ihm gebührt. Auch was die persönlichen Beziehungen anbelangt, kann der Affe ein besserer Menschenkenner sein als die meisten anderen und ein bewundernswertes Selbstvertrauen aufbauen.

猴

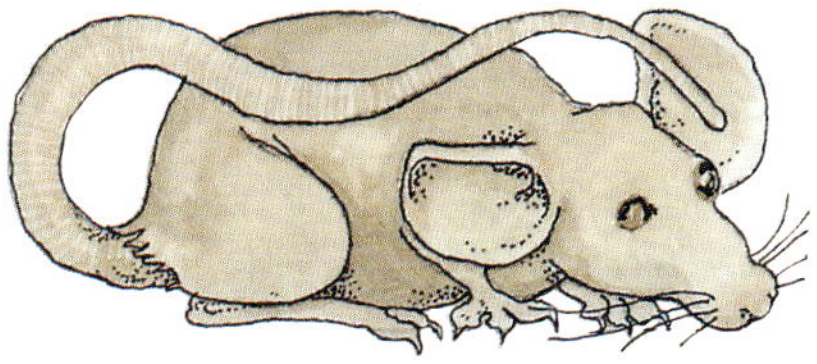

WER IST DER IDEALE PARTNER DES AFFEN?

Es ist schwer, die Gesellschaft des schelmischen und unbeschwerten Affen nicht zu genießen. Diejenigen, die sich am besten als Partner des Affen eignen, sind begierig darauf, an seinen Abenteuern teilzuhaben und ziehen Vorteile aus der geistigen oder emotionalen Anregung, die er zu geben vermag. Die beiden nächstliegendsten Kandidaten sind die nachtaktive Ratte und der magnetische Drache.

Es ist eine Sache, mit einem gleichgesinnten Partner ein ausschweifendes Leben zu führen, aber etwas ganz anderes, eine Familie zu gründen und Kinder großzuziehen. Der Affe braucht jemanden, der seine Abenteuerlust teilt, gleichzeitig aber auch zuverlässige Unterstützung bietet. Jemand, der zu verknöchert und engstirnig ist, könnte den Affen allerdings ruhelos machen. Daher konnten die alten Astrologen einer Verbindung mit dem vorsichtigen Ochsen oder dem strengen Tiger nichts abgewinnen. Die Beziehung zwischen Affe und Schwein endet einem chinesischen Sprichwort zufolge immer in Tränen.

Wesentlich geeigneter ist der Hund-Geborene, der in der Regel defensiv und unterstützend ist, ohne dabei zu konventionell zu sein. Ein weiterer Partner, der den Affen gut ergänzt, ist das fleißige und sorgfältige Pferd.

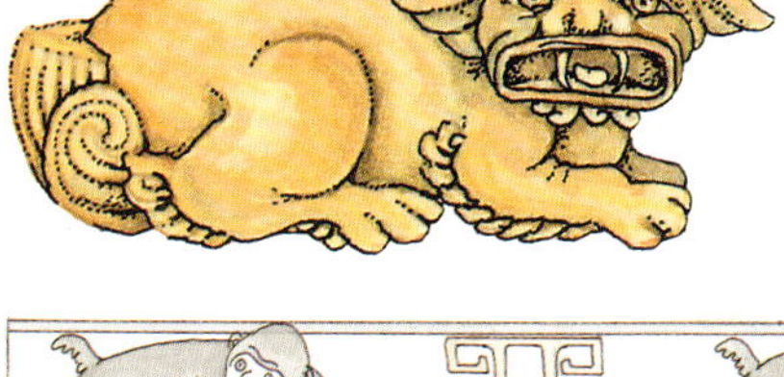

Wie die zwölf verschiedenen Persönlichkeitstypen zum Affen passen

Affe und Ratte 鼠

Diese Beziehung dürfte sehr erfolgreich für den Affen-Geborenen sein, vor allem, wenn er der männliche Partner ist. Aber auch wenn die Partnerin Affen-Geborene ist, sind die besonderen Talente und der Einfallsreichtum der Ratte von Vorteil. Die beiden unterstützen sich beruflich und privat, ihre Liebe ist äußerst erfüllend. Aufgrund ähnlicher früherer Erfahrungen können sie die Probleme des anderen besonders gut verstehen.

Affe und Ochse 牛

Diese Verbindung ist für den Affen vielleicht nicht gerade ideal, da Affe und Ochse wahrscheinlich nicht so viele Gemeinsamkeiten haben wie andere Paare, doch der Affe findet im Ochsen einen Partner, der ihm eine echte Stütze ist. Der Affen-Geborene bringt im Gegenzug Anregung und Aufregung in die Beziehung ein. Die anfängliche körperliche Anziehung reift wahrscheinlich zu einem tieferen Verständnis.

Affe und Tiger 虎

Der Affen-Geborene sollte es sich genau überlegen, ob er dem Tiger zu nahe kommt. Ein altes chinesisches Sprichwort lautet: «Wer einen Tiger reitet, kann nur schwer absteigen.» Der Tiger ist zu autoritär, als daß der Affe eine enge und herzliche Beziehung zu ihm aufbauen könnte. Das kann sich aber ändern, wenn sich Nachwuchs einstellt. Die Eltern werden so sehr um das Wohl des Neuankömmlings besorgt sein, daß die Differenzen, die früher zwischen ihnen bestanden, nebensächlich werden. Die körperliche Seite ihrer Liebe dürfte anregend sein.

Affe und Hase 兔

Hier haben wir es mit einem stets jugendlichen Paar zu tun. Beide können viel voneinander lernen, daher ist ihr gemeinsames Leben immer anregend. Der Hase ist unterstützend und realistisch, was für einen Affen-Geborenen häufig sehr wichtig ist. Einer der Schwachpunkte in dieser Beziehung ist die Tatsache, daß der Affe vielleicht dazu neigt, Entscheidungen eigenmächtig zu treffen. Das kann natürlich zu Problemen führen, und selbst der Hase – der normalerweise ein äußerst sanftmütiger Zeitgenosse ist – wird nach einer gewissen Zeit verägert sein. Geduld und Rücksichtnahme tragen viel dazu bei, diese Beziehung so warm und liebevoll zu gestalten, wie sie sein sollte.

Affe und Drache 龍

Was für eine aufregende Partnerschaft! Der Affe könnte keinen besseren Gefährten haben als den charismatischen und abenteuerlustigen Drachen. Es sollte reichlich Zeit für Romantik und Reisen zur Verfügung stehen. Das Liebesleben dieses Paares ist auf alle Fälle von großer Leidenschaft geprägt.

Affe und Schlange 蛇

Die Schlange übt auf den Affen eine gefährliche Faszination aus. Seine Abenteuerlust und sein Leichtsinn können die beiden in katastrophale Situationen bringen. Trotz seiner äußerlichen Schlauheit ist der Affe in vieler Hinsicht naiv und kann leicht von der Schlange getäuscht und verletzt werden. Aber wenn die beiden die Anfangsschwierigkeiten überstehen, können sie eine dauerhafte Beziehung aufbauen.

Affe und Pferd 馬

Hier handelt es sich um eine der glücklicheren Verbindungen des Affen. Das Pferd ist ihm treu ergeben. Es gibt dem Affen Sicherheit, Behaglichkeit und finanzielle Stabilität, was dieser mit Anregung und Ermutigung erwidert. An der Liebe zwischen diesen beiden kann kein Zweifel bestehen. Sie beruht auf romantischem Idealismus, körperlicher Anziehung, dem Bedürfnis nach Gesellschaft und Loyalität. Die positiven Auswirkungen beschränken sich nicht auf Heim und Familie; das Zutrauen, das Affe und Pferd einander geben, spiegelt sich auch in ihren jeweiligen Karrieren wider.

Affe und Schaf 羊

Wenn das Schaf es schafft, auf Dauer Partner eines Affen-Geborenen zu sein, dann nur, weil beide die diversen zwischen ihnen bestehenden Unterschiede akzeptieren. Diese beiden Charaktere brauchen viel Freiraum – sowohl geistig als auch körperlich –, um ihre Individualität entfalten zu können. Wenn sie beruflich in unterschiedlichen Bereichen tätig sind, ist es eher unwahrscheinlich, daß Probleme zwischen ihnen auftreten. Zu Hause jedoch, wo sie unweigerlich engen Kontakt haben, benötigen beide auch Zeit für sich, und das sollte berücksichtigt werden.

Affe und Affe 猴

Eine Partnerschaft zwischen Gleichgesinnten: Zwei Affen-Geborene sind einander anregende Gesellschaft und verfolgen in Beruf und Freiheit eine ähnliche Linie. Anders sieht es aus, wenn es um die Einzelheiten geht. In ihrer Liebesbeziehung liegt der Schwerpunkt wahrscheinlich eher im körperlichen als im emotionalen Bereich, da beide dazu neigen, ihre persönlichen Bedürfnisse über die des Partners zu stellen.

Affe und Hahn 鷄

Hahn- und Affen-Geborene stellen fast immer fest, daß sie gut zusammenpassen. Vielleicht arbeiten beide auf dasselbe Ziel hin und verfügen über Fähigkeiten, die einander gut ergänzen. Affe und Hahn fühlen sich magnetisch zueinander hingezogen, und ihr Liebesleben ist normalerweise außerordentlich befriedigend. Mit ziemlicher Sicherheit profitieren auch ihre Kinder davon, daß sie so gut harmonieren, aber dennoch eine gewisse Unabhängigkeit bewahren.

Affe und Hund 犬

Diese Beziehung kann sehr erfolgreich sein. Obwohl Hund und Affe völlig unterschiedliche Lebensstile zu besitzen scheinen, gibt es etwas in ihrem Wesen, das sie zusammenbringt. Es ist eher das Bedürfnis nach Gesellschaft als die körperliche Anziehung. Sollten die beiden sich irgendwann einmal trennen, verkehren sie wahrscheinlich weiterhin freundschaftlich miteinander. Vielleicht finden sie sogar wieder zusammen. Die emotionale Seite ihres Liebeslebens ist wesentlich wichtiger als die körperliche und auch dauerhafter.

Affe und Schwein 豬

Traditionell gehört diese Partnerschaft zu denjenigen, die vermieden werden sollten. Es heißt, es gebe zu viele Meinungsverschiedenheiten, vor allem bezüglich der Prioritäten. Häufig sind die Erwartungen des Affen so hoch, daß das Schwein sie nicht erfüllen kann. Das Schwein möchte vielleicht ein stabiles Heim aufbauen, und das empfindet der Affe als Einengung. Wenn diese Beziehung nicht in Tränen enden soll, müssen beide beträchtliche Kompromisse eingehen.

古井有波

KAPITEL ZEHN

Der Hahn

Wasser in einem alten Brunnen kräuselt sich

Die Herbstsonne versank hinter dem Horizont. Lange purpurrote Streifen verliehen dem Fluß Lo die Farbe rubinroten Weines. Im Osten leuchtete der Mond hell und golden. Der gesamte Himmel war eine wahre Farbenpracht.

Ssu-pin ging zum Fenster und sog den Duft der späten Orchideen ein. Morgen abend war die Nacht des Herstmondfestes. In ganz China würden Menschen in ihren Gärten zusammenkommen, um den Vollmond zu betrachten. Auch sie hatte einige alte Freunde eingeladen und eigens eine Terrasse am Osthang ihres Gartens errichten lassen. Dort konnten ihre Gäste sitzen, Mondkuchen essen, Wein trinken und sich im Ersinnen geistreicher Gedichte messen – und all das im Licht roter Kerzen, Laternen und eines wahrhaft strahlenden Erntemonds.

Ssu-pin wollte einige Zitate als Themen für die Gedichte ihrer Gäste vorbereiten. Ihr Schreibgerät lag schon auf dem Rosenholztisch bereit, aber sie hatte keine Lust, irgend etwas zu tun. Sie seufzte. Wie lange würde es noch dauern, bis sie den Herbst ihres Lebens erreicht hatte?

Als Ssu-pin zu der neuen Terrasse hinüberschaute, sah sie zu ihrer Überraschung, daß dort immer noch ein Mann arbeitete.

«Sie können für heute Schluß machen», rief sie ihm zu. Er schaute zu ihr hoch und dann wieder auf seine Arbeit. Sie rief wieder.

«Können Sie nicht morgen weitermachen? Sie müssen doch nach Hause gehen.»

«Nein», antwortete er. «Ich habe es nicht eilig. Ich hatte gehofft, die Balustrade heute abend fertigstellen zu können. Aber es wird langsam dunkel. Ich kann morgen in aller Frühe zurückkommen, wenn Ihnen das lieber ist.»

Ssu-pin warf ihm einen prüfenden Blick zu. «Sie sind nicht der Mann, den ich mit der Arbeit beauftragt habe.»

«Nein, das war der alte Chieh, mein Vater. Ich bin der junge Chieh.»

«Er hat sie mit der Arbeit allein gelassen», lachte Ssu-pin.

«Im Unterschied zu mir hat er eine Frau zu Hause.»

Ssu-pin war überrascht. Irgendwie machte er den Eindruck eines verheirateten Mannes. Sie wendete sich praktischeren Dingen zu.

«Sie müssen hungrig sein. Würden Sie mir vielleicht Ihre Meinung über meine Mondkuchen sagen?»

Er schaute an seinem schmutzigen Kittel hinab. Ssu-pin lächelte verständnisvoll. «Warum waschen Sie sich nicht einfach am Brunnen?» foderte sie ihn auf.

Ssu-pin hörte Chiehs Schritte, als er zurückkam. Er stand im Türrahmen und war so verändert, daß sie einen Augenblick lang überrascht war. Obwohl sein Kittel aus grobem Material war und Löcher hatte, war er doch eine imposante Erscheinung. Sein schwarzes Haar glänzte.

«Ich würde gerne mit Ihnen über die Arbeit sprechen, die noch zu erledigen ist. Wenn Sie auf der Mondterrasse äßen», sagte sie lächelnd, «wäre das eine Probe für morgen. Dann könnten wir am besten feststellen, ob irgend etwas vergessen wurde.»

Chieh schien von der Vorstellung angetan zu sein.

Er trug einen Tisch und Stühle zu der Terrasse und stellte das Tablett ab. Er warf Ssu-pin einen fragenden Blick zu. «Was machen die Menschen eigentlich auf Mondterrassen?»

«Nun, zunächst essen sie etwas, dann trinken sie vielleicht Wein.» Sie goß Samshu in zwei Becher. «Und dann betrachten sie den Mond.»

Während sie tranken, erzählte Ssu-pin ihm die Legende, die den Hintergrund der traditionellen Mondbetrachtungszeremonie bildete.

«Es war einmal eine wunderschöne Frau, Chang O. Ihr Ehemann war ein berühmter Bogenschütze. Die Göttin des Westlichen Himmels gab im eine Pille, die ihn unsterblich machen sollte. Aber Chang O fand sie und schluckte sie. Sofort wurde sie auf den Mond gebracht, wo sie bis heute lebt. Jedes Jahr, wenn der Mond am hellsten und vollsten ist, können diejenigen, die glücklich verliebt sind, sie sehen.

Ich habe sie allerdings noch nie gesehen», fügte Ssu-pin wehmütig hinzu. «Aber ich halte immer noch Ausschau. Und Sie, Chieh? Ich kann nicht glauben, daß Sie nie geheiratet haben.»

«Ich war verheiratet», antwortete er, «aber meine Frau starb vor einigen Jahren.»

«Das tut mir leid», sagte Ssu-pin. «Haben Sie Kinder?»

«Einen vierjährigen Jungen und ein zehnjähriges Mädchen. Aber was ist mit Ihnen? Haben Sie denn keinen Mann?»

«Das ist eine lange Geschichte», antwortete sie, «und sie ist nicht so schön wie die von Chang O.»

Ssu-pin nahm eine dünne Kerze und entzündete eine Laterne. «Werden Sie je heiraten?» fragte er sie.

«Wasser in einem alten Brunnen kräuselt sich nicht.»

«Was meinen Sie damit?»

«Damit meine ich, daß ich nicht mehr jung bin.»

Chieh nippte an dem Samshu. «Manche Menschen finden die Liebe früh im Leben. Andere müssen länger warten.»

«Es heißt, über die wahre Liebe werde nach den Gesetzen des Himmels entschieden», sagte Ssu-pin. «Wenn man jemanden heiratet, dessen Geburtszeichen mit dem eigenen – meines ist der Hahn – harmoniert, dann wird man Frieden und Glück finden. Wenn ich mir vorstelle, daß der Mond da oben vielleicht auf den Menschen scheint, mit dem ich mein Leben teilen könnte.»

«Vielleicht», bemerkte ihr Gefährte, «betrachtet er auch gerade den Mond und denkt dasselbe.»

«Was für ein Geburtszeichen haben Sie?» fragte Ssu-pin.

«Ich bin im Jahr des Ochsen geboren.»

«Das erklärt, daß Sie so stark sind.»

Die beiden betrachteten den Mond.

«Diese Flecken und Schatten», sagte Chieh, «scheinen ein Gesicht darzustellen. Könnte das Chang O sein?»

«Es ist noch eine Nacht zu früh», antwortete Ssu-pin. «Das ist nur eine Probe.» Aber es stimmte, daß das Gesicht des Mondes an diesem Abend erstaunlich deutlich zu sehen war.

«Werden Ihre Gäste, wenn sie den Mond betrachtet haben, Gedichte darüber schreiben?» fragte Chieh.

«Es ist ein alter Brauch», erklärte sie. «Morgen werde ich meinen Gästen die ersten Zeilen geben, die sie dann vervollständigen können. Nennen Sie mir ein Beispiel.»

«Wie wäre es mit der Wendung, die Sie vorhin benutzt haben? Gekräuseltes Wasser in einem alten Brunnen.»

Ssu-pin dachte einen Augenblick über seinen Vorschlag nach.

«Der Brunnen ist alt, das Wasser still.
Ich sehe Chang Os Gesicht,
wie es sich im Wasser spiegelt.»

Plötzlich nahm Chieh ihre Hand und antwortete.

«Der Brunnen ist alt, das Wasser still.
Ein Eimer fällt ins Wasser.
Sogar Chang O kann das Gekräusel sehen.»

Ssu-pin sagte nichts. Dann brach sie in Tränen aus. Er nahm ihre Hand, sie lehnte sich an seine Schulter und weinte hemmungslos.

Chieh strich ihr zärtlich übers Haar und küßte ihre salzigen Tränen weg. Sie hielt ihn fest. Vielleicht war es nur die Sehnsucht nach Liebe, die sie fühlte, aber sie wußte, daß die Erinnerung an diesen Augenblick nie verblassen würde. Sanft sank sie in Schlaf.

Als Ssu-pin aufwachte, hielt Chieh ihren Kopf in den Armen, voller Angst, er könne sie aufwecken.

«Heiratest du mich?» waren seine ersten Worte, als sie die Augen öffnete.

Ssu-pin antwortete nicht sofort, sondern schüttelte langsam den Kopf. «Warte wenigstens, bis die Nacht vorüber ist. Am Morgen, im hellen Tageslicht, wirst du deine wahren Gefühle kennen.»

Von einem entfernten Bauernhof krähte ein Hahn.

«Es ist schon Morgen», sagte Chieh. «Meine Gefühle unterscheiden sich in keinster Weise von denen von heute nacht. Heiratest du mich?»

«Ja, ich heirate dich», antwortete sie.

Die Persönlichkeit des Hahns

Der Hahn-Geborene ist gewitzt, doch manchmal recht extravagant, aufmerksam, aber scharfzüngig, elegant, doch begegnet er Zuneigung geringschätzig. Typisch für den Hahn ist auch, daß er Leute schnell in einander gegenüberstehende Gruppen aufteilt. Seine Mitmenschen sind mit einer Meinung über die Persönlichkeit des Hahns immer rasch bei der Hand.

Hahn-Geborene verfügen häufig über einen guten Geschäftssinn, einen Blick für aktuelle Trends und die Entschlossenheit, alles zu erreichen, was sie sich in den Kopf gesetzt haben. Eine Schwäche ist ihr gelegentliches Bedürfnis, sich dramatisch und großspurig in Szene zu setzen, was bei einem schlechten Timing zu finanziellen Problemen führen kann.

Hähne verfügen über ein sicheres Stilgefühl. Sie achten peinlich genau auf ihr Erscheinungsbild und wählen besonders ihre Kleidung sehr sorgfältig aus. Manchmal könnte man sie geradezu für eitel halten. Hähne achten auch sehr auf ihre Gesundheit und ihren Körper. Stets darauf bedacht, einen guten Eindruck zu hinterlassen, bemühen sich Hahn-Geborene auch, geistreiche Gesprächspartner zu sein.

Die meisten der «weiblichen» oder Yin-Tierzeichen der chinesischen Astrologie (Ochse, Hase, Schlange, Schaf, Hahn und Schwein) haben auch eine «weiche» Seite. Hahn-Männer sind hier eine Ausnahme. Ihre männlichen, vom Konkurrenzdenken geprägten Charakterzüge stechen nämlich besonders hervor. Für männliche Hahn-Geborene ist es in der Regel auch schwieriger als für ihre weiblichen Pendants, enge Freundschaften zu schließen.

Alle Hahn-Geborene zeichnen sich durch ihre Lebendigkeit und ihren Enthusiasmus aus. Wenn sie sich erst mal etwas in den Kopf gesetzt haben, wäre es tollkühn, zu versuchen, sie davon abzubringen. Mit ihrer unerschöpflichen Energie haben sie meist wenig Geduld mit denjenigen, die ihren hohen Anspruch an Perfektion nicht teilen. Andererseits versagen sie niemandem, der benachteiligt oder in Not ist, ihre Hilfe.

WER IST DER IDEALE PARTNER DES HAHNS?

Der Hahn ist eine der wenigen Ausnahmen von der Regel, daß zwei Menschen, die unter demselben Zeichen geboren wurden, zueinander passen: Zwei Hahn-Geborene bereiten nicht nur einander Schwierigkeiten, sondern auch allen um sie herum. Es ist nicht einfach, den richtigen Partner für einen Hahn zu finden. Er ist nicht leicht zufriedenzustellen. Diejenigen, welche die Aufregung und Anregung einbringen, an denen der Hahn so große Freude hat, verfügen wahrscheinlich nicht über die ausgleichende Art, die der Hahn braucht. Hingegen sind ihm die, die ihn unterstützen könnten, vermutlich zu langweilig.

Wenn der Hahn den für ihn idealen Partner kennenlernt, ist dieser meist schon vergeben. Die besten Aussichten auf eine langfristige Beziehung hat der Hahn, wenn er schon früh im Leben den richtigen Menschen findet.

Die beiden geeignetsten Partner für den Hahn sind der Ochse und die Schlange. Intellektuell ist die Schlange der interessantere Gefährte für den Hahn, aber körperlich ist der eher nüchterne Ochse im Vorteil. Ochse und Schlange können die Sicherheit bieten, die eine so impulsive Persönlichkeit wie der Hahn braucht. Ist der Hahn-Geborene weiblich, dann ist der Ochse der bessere Partner, ist er männlich, dann ist es die Schlange.

Wie die zwölf verschiedenen Persönlichkeitstypen zum Hahn passen

Hahn und Ratte 鼠

Ratte und Hahn mögen die Qualitäten des anderen bewundern, aber sie haben auch ihren eigenen Willen. Beide brauchen Aufregung, doch leider geht diese für sie nicht von denselben Dingen aus. In dieser Beziehung legen beide Partner großen Wert auf Unabhängigkeit. Fühlen sie sich zu stark eingeengt, könnte sie in die Brüche gehen.

Hahn und Ochse 牛

Für eine Hahn-Geborene ist der Ochse einer der besten Partner, die sie finden kann – grüblerisch und mysteriös. Für den männlichen Hahn wiederum ist die Ochsen-Geborene die Verkörperung all seiner sinnlichen Phantasien. Oberflächlich betrachtet, ist diese Wahl eher unwahrscheinlich für den draufgängerischen und lebhaften Hahn. Doch hinter dem harmlosen Äußeren des Ochsen verbirgt sich Leidenschaft. Es heißt von ihm, er sei das einzige Tier, das es mit allen anderen aufnehmen könne.

Hahn und Tiger 虎

Es besteht kein Zweifel, daß dieses Paar, wo immer es sich zeigt, im Mittelpunkt der Aufmerksamkeit stehen wird. Beide Partner sind auf ihrem Gebiet führend, und ihre Lebensfreude ist ansteckend. Ob diese Beziehung aber wirklich so ideal ist, steht auf einem anderen Blatt. Hinter der flotten Kleidung und dem strahlenden Lächeln können sich Traurigkeit, Enttäuschung und Angst verbergen. Hahn und Tiger müssen hart an ihrer Beziehung arbeiten und offen und ehrlich zueinander sein.

Hahn und Hase 兔

Der Hase fühlt sich vielleicht zunächst von dem Elan und dem Stil des Hahns angezogen, aber auf Dauer fällt es ihm schwer, Schritt zu halten. Diese Partnerschaft hat mehr Aussicht auf Erfolg, wenn die beiden von Zeit zu Zeit – beispielsweise aus beruflichen Gründen – getrennt sind. Im Liebesleben harmonieren Hahn und Hase häufig gut miteinander.

Hahn und Drache 龍

Strebt der Hahn eine impulsive, leidenschaftliche Beziehung an, so ist der Drache genau der richtige Partner für ihn. Wenn es ihm aber um eine langfristige Verbindung und eine Ehe geht, dürfte dies nicht der Fall sein. Hahn und Drache sind beide hochmotiviert, lieben die Unabhängigkeit und werden, selbst wenn sie einander zugetan sind, kaum die Bereiche ihres Lebens aufgeben, die ihnen wichtig sind.

Hahn und Schlange 蛇

Die Schlange kann einen wunderbaren Partner für den Hahn abgeben. Für die Hahn-Geborene ist die erste Anziehung intellektueller Art, während der männliche Hahn die Schlange sinnlich attraktiv findet. Im Verlauf der Zeit entdecken die Partner die verborgenen Tiefen ihres Gegenübers und knüpfen unlösbare Bande. Hier handelt es sich aber nicht lediglich um eine geistige Ehe. Auch körperliche Erfüllung ist möglich, und sie besteht wahrscheinlich lange über die Flitterwochen hinaus.

Hahn und Pferd 馬

Das Pferd kann nur allzubald seine Anziehungskraft auf den Hahn verlieren, wenn es nicht bereit ist, seine überzogene Selbstsicherheit abzulegen. Es muß außerdem darauf achten, den Hahn nicht zu langweilen. Die ständige Wiederholung bestimmter Ansichten kann sogar den begeistertsten Hahn irgendwann ermüden. Die Partner müssen sich unbedingt darüber klarwerden, daß sie nicht lediglich zwei Individuen sind, die sich zusammengetan haben.

Hahn und Schaf 羊

Gleichgültig, durch welche Umstände Hahn und Schaf zusammenkamen, wahrscheinlich sind sie der Überzeugung, daß es Schicksal war. In jedem Fall bestehen gravierende Unterschiede zwischen ihren Charakteren. Der Hahn ist eine starke Persönlichkeit und das Schaf derart der eigenen Innenwelt zugewandt, daß die beiden einander anscheinend wenig zu bieten haben. Die Beziehung könnte sich jedoch wesentlich erfolgreicher gestalten, wenn dem Schaf Vertrauen entgegengebracht wird und es auch ab und zu die Führung übernehmen kann.

Hahn und Affe 猴

Diese beiden Partner scheinen wie füreinander gemacht. Sie teilen nicht nur die unterschiedlichsten Interessen, sondern haben auch beide besondere Fähigkeiten. Das einzige Problem in dieser Beziehung besteht darin, daß die Partner derart ineinander aufgehen können, daß sie den Bezug zur Außenwelt verlieren. Gelegentlich sollten sie Ratschläge von ihren Freunden annehmen. Insgesamt steht einem langen und glücklichen Familienleben jedoch nichts im Wege.

Hahn und Hahn 鷄

Die meisten Paare, die unter demselben astrologischen Zeichen geboren wurden, können glücklich zusammenleben, doch bei zwei Hahn-Geborenen ist das nur selten der Fall. Sie kennen einander viel zu gut und erkennen ihre eigenen Fehler nur allzuschnell im Partner wieder. Infolgedessen liegt einige Spannung in der Luft, die sich gelegentlich in einem Ausbruch entlädt. Hahn-Geborene brauchen Raum für sich selbst, und der Beziehung tut es gut, wenn sie gelegentlich unabhängig voneinander handeln können. Die gegenseitige Achtung muß vertieft werden.

Hahn und Hund 犬

Wahrscheinlich stammen diese beiden Partner aus denselben Verhältnissen und haben viele ähnliche Interessen. Aber wie bei zwei Farben, die fast zueinander passen, hat diese Beziehung etwas, was sich nicht mit echter Harmonie vereinbaren läßt. Wenn wichtige Entscheidungen zu fällen sind, können die Meinungen so verschieden sein, daß das Thema insgesamt fallengelassen wird. Daher müssen Hund und Hahn unbedingt festlegen, wer das Sagen hat, und sich dann daran halten. Es überrascht nicht, daß ihr Liebesleben meist sehr impulsiv ist.

Hahn und Schwein 豬

Bei dieser Partnerschaft sind die Aussichten sehr gut, vor allem, wenn der Hahn der Ernährer ist und das Schwein sich ganz der Aufgabe widmen kann, ein gemütliches Heim für die beiden zu schaffen. Nur weil das Schwein wenig Interesse an der beruflichen Karriere des Hahns zeigt, heißt das noch lange nicht, daß es nicht auf dessen Wohl bedacht ist. Diese Beziehung ist auf alle Fälle geprägt von viel Liebe, Verständnis und Wärme. Glückliche und zufriedene Kinder sind der beste Beweis dafür.

KAPITEL ELF

DER HUND

Auf der Suche nach einem Pferd ein Pferd reiten

Mit zitternden Fingern nahm Fei den Brief von dem Boten entgegen und reichte ihn ihrem Vater. Obwohl sie die Schriftzeichen nicht lesen konnte, erkannte sie die Pinselstriche, die den Namen Hua Lung darstellten. Ihr Vater stellte die Schüssel ab, die er gerade lackierte, betrachtete das Päckchen unwillig und gab es an seine Frau weiter.

«Ein Brief!» stellte er fest und ärgerte sich darüber, daß er dem Boten eine Handvoll Kupfermünzen geben mußte. Als ihre Mutter das Papier mit ihren feuchten Fingern glättete, bat Fei: «Bitte verschmier ihn nicht. Sonst können wir ihn nicht lesen.»

«Wir können ihn sowieso nicht lesen. Wir werden zum alten Chao, dem Astrologen, gehen müssen, damit er ihn uns vorliest. Oder frag den netten Studenten. Wie heißt er doch gleich? Pao Tai?»

«Pao Tai?» fragte Fei. «Aber der Brief könnte... für mich sein.» Fei errötete. Pao Tai war der letzte, den sie ihre privaten Briefe lesen lassen wollte.

«Für dich!» rief ihre Mutter erstaunt. «Das glaube ich kaum.»

«Aber das ist Hua Lungs Name, da bin ich sicher!»

«So, ist er das?» fragte ihr Vater. «Du kannst also lesen?»

Fei neigte verlegen den Kopf und deutete auf die wenigen Schriftzeichen, die sie erkannt hatte.

«Hua Lung hat immer versprochen, er werde schreiben.»

«Na, dazu hat er ja auch lange genug gebraucht», antwortete ihre Mutter unwirsch. Sie hatte den Jungen mit seinem affektierten Gehabe nie gemocht und hielt seinen Charme lediglich für eine dünne Fassade. Es hieß allgemein, er sei in die Stadt gegangen, um Schauspieler zu werden. Seitdem hatte man nichts mehr von ihm gehört.

Feis Vater hingegen war ziemlich beeindruckt. Eine Tochter, die lesen und schreiben konnte, war viel wert. Und was diesen Hua Lung anbelangt, dachte er bei sich, Schauspieler werden berühmt und verdienen viel Geld. Und wenn Hua Lung seine Fei heiratete...

Er riß sich aus seinem Tagtraum und wandte sich einem dringlicheren Problem zu.

«Fei, ich glaube, wir sollten diesen Brief besser lesen lassen. Und ihn beantworten, falls es erforderlich sein sollte. Ich nehme an, du weißt nicht, was darin steht?»

Zu seiner Enttäuschung verneinte sie. Trotz Feis Protest entschied er sich für den Studenten. Das würde billiger sein.

Pao Tai war ein fröhlicher junger Mann, Mitte Zwanzig und somit etwa acht Jahre älter als Fei. Pao Tais Vater hegte große Hoffnungen, daß sein Sohn die Prüfungen bestehen und Mandarin werden könnte. Aber Pao Tai war nicht gerne in einem Arbeitszimmer. Viel lieber hielt er sich im Freien auf, ritt unter der glühenden Sonne oder schwamm im kühlen Wasser des Lo-Flusses.

Widerwillig ging Fei zu dem Dorf, in dem Pao Tai wohnte. Sie nahm ihrer Mutter übel, daß sie ihn als Student bezeichnete. Wie konnte man ihn mit Hua Lung vergleichen? Er mochte zwar lesen können, aber er war doch nichts weiter als ein Landarbeiter – ohne eine Spur von Eleganz, Anmut oder guter Erziehung.

Hua Lung war da ganz anders. Er konnte Klassiker rezitieren und beim Sprechen Worte in Gedichte verwandeln. Fei streckte den Arm aus und läutete.

Pao Tai war hoch erfreut, Fei zu sehen. In den vergangenen zwölf Monaten hatte sie sich von einem unansehnlichen, pummeligen Mädchen zu einer wunderschönen jungen Frau gemausert. Wie schade, dachte er, daß sie in ein selbsternanntes Genie verliebt ist, dem sie wahrscheinlich völlig gleichgültig ist.

Pao Tai nahm bereitwillig die Einladung zum Abendessen an. Er war so hingerissen von Fei, daß es ihm nicht in den Sinn kam, nach dem Grund dafür zu fragen. Die Etikette erlaubte es nicht, während des Essens Themen von Bedeutung anzusprechen. Erst danach erfuhr Pao Tai, daß er der Familie den Brief vorlesen sollte.

Pao Tai schaute Fei an, fasziniert von ihrer Schönheit und Unschuld. Er würde nie mehr sein als ein Junge vom Lande, während ihr Herz für einen Gauner entflammt war. Der Brief in seinen Händen – könnte er der Schlüssel zu seinem Glück sein? Aber was wäre dann mit *ihrem* Glück?

«Es ist ein formelles Schreiben, und ...», er zögerte, «... es sind äußerst schlechte Nachrichten.»

Fei rannte hinaus. Ihre Mutter eilte ihr nach. Pao Tai konnte Feis Schluchzen im Hinterzimmer und die beruhigende Stimme der Mutter hören. Dann kam Feis Mutter zurück. «Mach dir keine Sorgen, Pao Tai. Vielleicht ist es so am besten. Die beiden wären niemals glücklich miteinander geworden.»

Pao war recht erstaunt, als er kurz darauf eine weitere Einladung zum Abendessen bei der Familie erhielt. Die Atmosphäre war herzlich, aber Pao Tai konnte sich des Gefühls nicht erwehren, daß etwas unter der Oberfläche verborgen war. Dann ergriff Feis Mutter das Wort.

«Ich hoffe, es macht dir nichts aus, Pao Tai, aber ich habe den Brief zum Astrologen gebracht, damit er ihn bis zu Ende lese. Der alte Chao hat mir genau gesagt, was darin steht.»

Pao Tai blickte erschrocken auf.

«Du hast recht gehabt, Pao Tai. Ein guter Freund von Hua Lung sandte ihn. Da er wußte, daß Fei und Hua Lung einander so nahestanden, hat er respektvoll die schmerzliche Nachricht übermittelt, daß Hua Lung nicht mehr unter uns weilt.

Ich gehe davon aus, daß meine Tochter sich bald Gedanken über einen geeigneten Ehemann machen wird. Fei wurde im Jahr des Hundes geboren, du im Jahr des Pferdes. Der alte Chao ist der Meinung, daß solche Partner ausgezeichnete Ehen führen.»

Feis Trauer währte nicht lange. Zwar hatte sie ihre Liebe zu Hua Lung nicht vergessen, aber sie gehörte jetzt der Vergangenheit an. Sie begann zu erkennen, daß die Liebe viele Seiten hat, und irgendwie erschienen ihr die Eigenschaften, die sie einst so geschätzt hatte, nun eher unwichtig.

Eines Abends fragte ihre Mutter: «Wo sind meine Nadeln? Ich kann sie nirgends finden. Siehst du sie?»

Fei lachte. «Sie sind doch direkt vor deiner Nase, sie stecken in deinem Kleid.»

«Tatsächlich. ‹Auf der Suche nach einem Pferd ein Pferd reiten›, sagen die Wahrsager», meinte ihre Mutter. «Oft sieht man das, was man sich am meisten wünscht, nicht – gerade weil es sich direkt vor einem befindet.»

Schweigend stimmte Fei zu.

Pao Tai und Fei waren ungefähr drei Jahre glücklich verheiratet, als sich etwas äußerst Seltsames zutrug. Fei verbrachte einige Tage fernab von zu Hause, bei einer kranken Tante. Eines Tages, als sie in der Stadt einige Dinge für die Kranke kaufte, war sie überzeugt, Hua Lungs Geist gesehen zu haben. Er hatte ihr sogar zugenickt.

Als sie – immer noch verwirrt – zu Hause ankam, beschloß Fei, ihren Mann wegen etwas zur Rede zu stellen, über das sie sich schon lange den Kopf zerbrach.

«Pao Tai», sagte sie, «stand in dem Brief, den du meiner Familie vorgelesen hast, wirklich, daß Hua Lung gestorben war?»

Pao Tai lächelte. «Du warst damals so in deinen Traum verliebt, da habe ich es einfach nicht übers Herz gebracht, deine Illusionen auf so brutale Weise zu zerstören. Nein, Hua Lung war am Leben, und es ging ihm gut. Bei dem Brief handelte es sich um eine Einladung zu seiner Hochzeit.»

Die Persönlichkeit des Hundes

Wenn Sie einen Menschen mit Grundsätzen suchen, auf dessen Wort Sie sich verlassen können, der in schweren Zeiten zu Ihnen hält und dem Sie Ihre wertvollsten Besitztümer oder Geheimnisse anvertrauen können, dann halten Sie nach jemandem Ausschau, der im Jahr des Hundes geboren wurde.

Hund-Geborene haben häufig einen großen Bekanntenkreis, aber tiefe Verbundenheit empfinden sie nur gegenüber wenigen. Wenn Sie in den engeren Kreis eines Hundes aufgenommen worden sind, haben Sie einen Freund fürs Leben gefunden.

Der Hund braucht lange, um eine funktionierende Partnerschaft herzustellen. Leider kann es in diesem Zusammenhang leicht zu ernsten Mißverständnissen kommen. Ein falsches Wort oder auch nur die Andeutung von Kritik gegenüber Menschen oder Dingen, an die der Hund sein Herz gehängt hat, kann bei ihm einen Wutausbruch auslösen. Der Ärger verfliegt allerdings sehr schnell.

Angesichts seines ausgeprägten Sinns für Loyalität überrascht es daher nicht besonders, daß der typische Hund-Geborene häufig Dienst in Uniform tut – beispielsweise in der Landesverteidigung, als Gesetzeshüter oder in der Krankenpflege. Reglementierung bereitet dem Hund, der Ordnung und Regelmäßigkeit schätzt, keine Probleme. Auch wenn der Hund-Geborene keine Uniform trägt, strahlt er immer eine gewisse Autorität aus, sei es zu Hause, bei der Arbeit oder in der Freizeit.

Was die Liebe anbelangt, strebt der Hund feste und stabile Beziehungen an – daher ist eine lebenslange Partnerschaft wichtig. Gelegentliche Beutezüge außerhalb dieser engen Grenzen scheinen das Gewissen des Hundes freilich nicht übermäßig zu belasten. Der Hund-Partner hat vielleicht eine Zeitlang Schuldgefühle, aber wahrscheinlich nur aus Angst vor den Folgen – etwa einer angedrohten Beendigung der Beziehung. Der Hund scheint der Ansicht zu sein, daß ein Flirt nur eine vorübergehende Sache ist. Das Herz – und darauf kommt es dem Hund an – bleibt treu.

WER IST DER IDEALE PARTNER DES HUNDES?

Diejenigen, die einen Hund-Geborenen zum Freund haben, können sich wirklich glücklich schätzen. Hunde sind treue Gefährten. Im Gegenzug allerdings fordern auch sie bedingungslose Loyalität.

Der Hund ist gern mit Menschen zusammen, die seine Interessen teilen. Da er praktisch veranlagt ist, sind der ehrgeizige Tiger oder das fleißige Pferd in seinen Augen die idealen Gefährten. Die magnetische Anziehung und der Charme des Drachen üben eine gefährliche Faszination auf ihn aus, die geheimnisvolle Sinnlichkeit der Schlange hypnotisiert ihn, während ihn die Extravaganz des Hahns erstaunt. Häufig widerstrebt es dem Hund allerdings, sich an eine dieser schillernden Persönlichkeiten zu binden. Hund-Geborene verfügen über genügend gesunden Menschenverstand, um zu erkennen, daß wahrscheinlich wenige Gemeinsamkeiten mit diesen Partnern bestehen.

Keine Zeit verliert der Hund mit so absolut zuverlässigen Persönlichkeiten wie dem Ochsen oder dem Schaf. Das Komplementärzeichen des Hundes ist das die Bequemlichkeit liebende Schwein (es folgt im Tierkreis), das sich nur zu gerne um die materiellen Bedürfnisse des Hundes kümmern wird. Vielleicht ist es gar nicht so erstaunlich, daß ausgerechnet das gelassene und unbeschwerte Schwein die Gründe für die Stimmungsumschwünge und Gefühlsausbrüche des Hundes am besten versteht.

Wie die zwölf verschiedenen Persönlichkeitstypen zum Hund passen

Hund und Ratte 鼠

Obwohl Hund und Ratte in der Tierwelt Feinde sind, können Menschen mit diesen astrologischen Zeichen beständige und loyale Partner werden. Allerdings sollte sich die Ratte vor dem Jähzorn des Hundes hüten. Der Hund wiederum muß akzeptieren, daß die Persönlichkeit der Ratte komplex ist. Sollte die Leidenschaft erlöschen und die Beziehung zu Ende gehen, werden die beiden dennoch in Kontakt bleiben.

Hund und Ochse 牛

An der Beziehung zwischen Ochse und Hund muß etwas Besonderes sein. Ihre Interessen und Meinungen sind so verschieden, daß sie ständig zu streiten scheinen. Häufig hat die Gegenwart eines dritten Menschen in der Familie, etwa eines Kindes, eine ausgleichende Wirkung. Auch die körperliche Liebe ist wahrscheinlich stürmisch. Wenn feste Richtlinien fehlen, können Hund und Ochse sich nur selten darauf einigen, was sie von dieser Beziehung eigentlich erwarten.

Hund und Tiger 虎

Der Tiger ist einer der geeignetsten Partner für den Hund-Geborenen. Hund und Tiger teilen viele Interessen, und beide können das gewisse Etwas beisteuern, das die Beziehung so besonders macht. Jeder bewundert die Qualitäten und Fähigkeiten des anderen. Obwohl es beide Partner gewöhnt sind, die Führung zu übernehmen, ist die Bereitschaft zu geben und zu nehmen größer als bei den meisten anderen Paaren. Diese Harmonie spiegelt sich auch im Liebesleben wider.

Hund und Hase 兔

Für den Hund ist der Hase keineswegs ideal. Obwohl der Hase im Hund-Geborenen einen ehrlichen und zuverlässigen Menschen kennenlernt, stellt der Hund vielleicht unfaire Vergleiche mit anderen Paaren an und sehnt sich nach einer anregenderen Partnerschaft. Womöglich ist die Willfährigkeit des Hasen die Ursache des Problems.

Hund und Drache 龍

Der Drache mit seiner magischen Persönlichkeit kann den Hund blenden. Seine Wortgewandtheit, sein Geschick im Umgang mit Menschen und seine Unverfrorenheit schlagen den Hund in seinen Bann. Aber das ist nicht von Dauer. Der Hund wird erkennen, daß das Leben mit dem Drachen im Grunde genommen nur seicht ist. Was das Liebesleben anbelangt, erschließt der Drache dem Hund eine Welt voller neuer Erfahrungen, die ihm, auch wenn die Beziehung in die Brüche gehen sollte, niemand mehr nehmen kann.

Hund und Schlange 蛇

Der Hund wird von der Sinnlichkeit der Schlange angezogen und verfällt nur allzuleicht ihren Reizen. Aber diese Beziehung ist nicht ideal, da sie einzig und allein auf körperlicher Anziehung beruht und nicht auf Seelenverwandtschaft. Dennoch kann die Partnerschaft länger halten, als man vermuten würde. Die Schlange achtet auf die Gefühle des Hundes. Der Hund allerdings kann sich emotional unterlegen fühlen. Ein Kind, vor allem, wenn es im Jahr des Hahns geboren wurde, stärkt die Beziehung.

Hund und Pferd 馬

Nur wenige Verbindungen sind erfolgreicher als diese. Die beiden teilen viele Interessen und sehen wahrscheinlich etwas von sich selbst im Partner. Merkwürdigerweise würden sie sich allerdings niemals als einander zugetan bezeichnen. Für diese beiden Charaktere ist die Liebe eine natürliche Fortsetzung der Freundschaft. Die körperliche Seite kommt nicht zu kurz. Ihre Lebensauffassung ist geprägt von Offenheit; für sie gibt es keine moralischen oder religiösen Tabus.

Hund und Schaf 羊

Vielleicht sind es die gegensätzliche Lebensauffassung des Schafes, sein Modebewußtsein oder sogar sein Aussehen, die der Vorstellung des Hundes vom Traumpartner zuwiderlaufen. Wenn Hund und Schaf trotzdem zusammenfinden, können die beiden eine dauerhafte Partnerschaft eingehen.

Hund und Affe 猴

Hier handelt es sich um eine jener Beziehungen, die für Außenstehende ein Rätsel sind. Affe und Hund scheinen wenig Gemeinsamkeiten zu besitzen, aber jeder hat Verständnis für die Bedürfnisse des anderen. Sie teilen viele Geheimnisse und haben Sinn für Humor. Hund und Affe stehen sich derart nahe, daß es schwierig ist, zu ihnen durchzudringen. Das gibt zumindest anfänglich Freunden oder Verwandten häufig Anlaß zur Sorge, da sie sich ausgeschlossen oder vergessen fühlen. Wahrscheinlich sind Hund und Affe eher unkonventionelle Eltern und haben radikale Vorstellungen davon, wie man Kinder am besten erzieht – und diese Vorstellungen können bei denjenigen auf Widerspruch stoßen, die meinen, es besser zu wissen.

Hund und Hahn 鷄

Obwohl Hund und Hahn sich in vieler Hinsicht – sogar körperlich – ähnlich sind, besteht eine unsichtbare Kluft zwischen ihnen. Sie werden einander nie ganz verstehen, gleichgültig, wie tief ihre Gefühle füreinander sind. Beide Partner neigen dazu, eigene Wege zu gehen, aber sie geben selten preis, was sie in dieser Zeit gemacht haben, und der Partner ist klug genug, nicht danach zu fragen. In dieser Beziehung müssen ständig Kompromisse geschlossen werden, aber wenn die beiden das lernen, kann diese Verbindung von Dauer sein und zu einem glücklichen Leben zu zweit führen.

Hund und Hund 犬

Die meisten Menschen, die unter demselben Zeichen geboren wurden, kommen gut miteinander aus. Hund-Geborene haben ähnliche Interessen, dieselbe Lebensauffassung und denselben Willen, ihr Dasein aufregend zu gestalten. Ohne Anregungen von außen scheint allerdings etwas zu fehlen, und wenn das nicht erkannt wird, besteht die Gefahr, daß diese Beziehung nach recht kurzer Zeit ihre Würze verliert. Dennoch bleiben Hund-Partner wahrscheinlich so lange zusammen, daß sie, wenn sie endlich herausgefunden haben, was sie zur Stärkung der Beziehung gebraucht hätten, das nicht mehr kümmert.

Hund und Schwein 豬

Für einen Hund, der ein behagliches Heim gründen und glückliche Kinder großziehen möchte, ist das Schwein der ideale Partner – vor allem, wenn der Hund der Mann ist. Sie können einander eine Nähe bieten, die auf innerem Verständnis fußt. Obwohl das Schwein dem Hund manchmal nicht abenteuerlustig genug ist und der Hund gelegentlich vom häuslichen Herd abirrt, überdauert ihre Liebe solche Störungen. Langfristig profitiert die Partnerschaft sogar, wenn die beiden sich gegenseitig etwas Freiraum zugestehen.

KAPITEL ZWÖLF

DAS SCHWEIN

Der Bau eines neuen Ofens

Chu tätschelte die Lehne seines Lieblingsstuhls.

«Nun, alter Freund, ich glaube, die Stunde der Trennung naht.»

«Alles Gute hat ein Ende», sagte seine Frau, die ihm grünen Tee brachte, tröstend. Sie wickelte die Decke etwas fester um seine Schultern.

«Wenn die Hochzeit vorbei und das letzte Kind aus dem Haus ist, werden wir uns in einem kleineren Haus wohler fühlen», sagte sie. «Wir haben schon viel zu viele Dinge, die wir gar nicht brauchen.»

«Ich weiß», antwortete er resigniert. «Trotzdem sind mit all diesen Sachen Erinnerungen verbunden. Aber unsere liebe Mei-li wird eine anständige Hochzeit haben. Ich habe mit dem alten Tsan darüber gesprochen, daß wir ein paar unserer kleinen Schätze verkaufen möchten.»

«Wie wäre es, wenn wir hiermit beginnen würden?» Seine Frau reichte ihm ein wertvolles Stück Porzellan. «Ich habe diese Schale mit all den Schlangen darauf nie richtig gemocht.»

Chu lachte. «Wenn wir uns von irgend etwas trennen, dann davon. In einem Haus voller Schweine ist kein Platz für Schlangen, wie unser Freund, der Astrologe, uns so oft gesagt hat.»

Seine Frau lächelte. «Ich werde die Schlangenschale in eine Kiste packen, damit du sie dem alten Tsan bringen kannst. Aber nimm nicht sein erstes Angebot an. Wenn du mindestens zwanzig Schnüre mit Münzen bekommst, werden unsere Freunde reichlich Wein trinken können. Wenn du fünfzig kriegst, können wir uns ein richtiges Festmahl leisten.»

Mei-li, ihre Tochter, fügte lächelnd hinzu: «Und wenn du hundert bekommst, könnte ich auch ein wunderschönes Hochzeitskleid kaufen!» Ihr Vater nahm sanft ihre Hände. «Mein liebes Mädchen, du wirst ein Hochzeitskleid haben, selbst wenn die Gäste dann Reiswasser trinken müssen.»

In Wahrheit machte sich Chu Sorgen um ihre finanzielle Lage. Die Kosten für Mei-lis Hochzeit waren doch wesentlich höher als erwartet. Der Verkauf des Hauses war die einzige Lösung.

Aber es gab noch dringlichere Dinge zu bedenken. Chu hatte schon Besuch vom Heiratsvermittler gehabt, der rote Karten von interessierten Männern brachte. Die erste stammte von einem gewissen Hui, einem vermögenden Landbesitzer. Aber Chu konnte sich nicht recht mit dem Gedanken anfreunden, einen Schwiegersohn zu haben, der älter war als er selbst.

Er zog daher einen Astrologen zu Rate. Ihm wurde mitgeteilt, daß Hui im Jahr des Affen geboren sei. Und da Mei-li, wie beide Elternteile, im Jahr des Schweins geboren sei, würden sie und Hui nicht zusammenpassen.

Bei seinem zweiten Besuch brachte der Heiratsvermittler eine rote Karte von den Eltern von Tan Ho, einem gutaussehenden jungen Mann, der im Jahr des Schafes geboren war. Chu stellte zu seiner Freude fest, daß Schaf und Schwein nicht nur zueinander paßten, sondern daß der Freier auch Mei-lis Zustimmung fand. Also schickt er eine rote Karte zu den Eltern des jungen Mannes und gab dadurch zu verstehen, daß er Tan Ho als Schwiegersohn akzeptierte.

Zu Chus Entsetzen waren die von Tan Hos Eltern übersandten Geschenke wesentlich kostspieliger, als er erwartet hatte. Er wollte sein Gesicht nicht verlieren, indem er einfachere Geschenke schickte, und beschloß daher, Tsan aufzusuchen, der sich zwar Antiquitätenhändler nannte, aber eigentlich ein Pfandleiher war.

Tsan untersuchte die schlangenverzierte Schale. «Ich würde Ihnen gerne bei der Hochzeit Ihrer Tochter unter die Arme greifen. Ich könnte Ihnen dafür einen Kredit von, sagen wir, hundert Schnüren mit Münzen geben.»

Chu verschlug es den Atem.

Der alte Tsan zuckte mit den Achseln. «In Ordnung, hundertfünfzig. Aber das ist mein letztes Angebot.»

Chu nickte zustimmend und versuchte, sich seine Aufregung nicht anmerken zu lassen. Seine Tochter würde ein wunderschönes Hochzeitskleid haben, und es würde Fleisch, Fisch und Wein für die Gäste geben.

An Mei-lis Hochzeitstag war der Winterhimmel klar und blau. Die frische, kalte Luft war erfüllt vom Geräusch von Trommeln und Zimbeln, als der kleine Zug sich auf Chus Haus zubewegte.

Mei-li war prächtig gekleidet. Die mit Drachen und Phönixen bestickte scharlachrote Robe war mit Perlen und Goldfäden verziert, und Mei-li trug einen Kopfschmuck, dessen Blüten aus Blattgold und dunkelroter Koralle in der Sonne glitzerten.

Mei-li wurde in eine Sänfte gehoben. Man konnte ihre Angespanntheit verstehen, denn die geringste Bewegung hätte die Wirkung ihres eleganten Kleides zunichte gemacht. Der gesamte Haushalt folgte der Sänfte durch die Stadt zu dem Haus von Tan Hos Familie. Mei-li begab sich mit ihrem neuen Ehemann in den Empfangsraum, in dem sich der Familienaltar befand. Gemeinsam mit Tan Ho erwies Mei-li seinen Vorfahren ihre Ehrerbietung und bekundete dadurch, daß sie nun alle Bande zu ihrer Familie löste.

Nachdem der offizielle Teil der Zeremonie beendet war, forderte Tan Hos Vater alle auf, am Festmahl und an den

Feierlichkeiten teilzunehmen. Man trank Wein, und es wurden Reden gehalten.

Sehr zu Chus Ärger wurde er von dem alten Tsan angesprochen. «Ich habe gute Neuigkeiten für Sie. Ich habe einen Käufer gefunden.» Chu war zu sehr abgelenkt, als daß er dem Geschäft seine Aufmerksamkeit hätte widmen wollen. «Gut», anwortete er und schloß sich der Hochzeitsgesellschaft an.

Viel später kehrte Chu nach Hause zurück. «Wenn wir schon umziehen müssen, können wir unsere letzten Momente hier auch genießen», sagte er philosophisch.

Seine Frau antwortete: «Wenn das Haus erst einmal verkauft ist, werden wir für den Rest unseres Lebens gut gestellt sein.»

Plötzlich hielt eine mit der Fahne eines Adligen verzierte Kutsche vor dem Haus, und ein vornehm wirkender Herr stieg in Begleitung von mehreren Dienstboten aus und näherte sich ihnen.

«Verehrter Herr Chu», sagte der Fremde, «ich bin gekommen, um Ihnen für Ihre bemerkenswerte Entdekkung zu danken. Ich habe einige Zeit gebraucht, bis ich Sie gefunden habe. Ihrem Freund Tsan widerstrebte es aus irgendwelchen Gründen, mir zu sagen, wo Sie wohnen. Darf ich Sie aus reiner Neugier fragen, wie Sie zu der Schlangenschale gekommen sind?»

«Sie war Teil eines Familienerbes. Ich erinnere mich, daß mein Großvater sie durch eine Heldentat gewann», antwortete Chu.

Der Adlige erklärte: «Die Schale, die Sie Tsan verkauft haben, gehört zu einem zwölfteiligen Satz, der von dem Rebellen Yuan, der sich selbst zum Kaiser ernannt hatte, als Geburtstagsgeschenk für seine Kaiserin in Auftrag gegeben wurde. Jede Schale stellt eins der zwölf Tierkreiszeichen dar und wurde von einem anderen Künstler gemalt. Die sechste, Ihre Schlangenschale, wurde von keinem Geringeren als Meister Yu Ti geschaffen.

Als der selbsternannte Kaiser gestürzt wurde, wurden sein Palast und fast alles, was sich darin befand, zerstört – außer, wie es scheint, der Schlangenschale, die in Ihren Besitz gelangte.

Es ist ein Wunder, daß Sie dieses Meisterwerk retten konnten. Daher hat der Kaiser verfügt, daß die Schlangenschale in der kaiserlichen Schatzkammer unter dem Namen ‹Schale der Palastwache Chu› aufzubewahren ist. Ich hoffe, daß die zweitausend Münzen, die ich Ihrem Freund für die Schale gab, genug waren?»

Chus Frau hatte einen seltsamen Gesichtsausdruck. Schweigend stand sie auf, ging quer durch den Raum und entnahm einer Schublade eine weitere Schüssel, die mit kleinen Schweinen verziert war. «Ob der Kaiser wohl Interesse an dem Rest der Kollektion hätte?» fragte sie.

Die Persönlichkeit des Schweins

Verständlicherweise sind manche Menschen im Westen nicht gerade erfreut, wenn sie entdecken, daß ihr chinesisches Geburtszeichen das Schwein ist. Dabei ist es das günstigste überhaupt. Zwar ist es denjenigen, die das Glück hatten, unter diesem Zeichen geboren zu werden, vielleicht nicht bestimmt, zu Reichtum und Macht zu gelangen, aber ihnen wird ein erfülltes und zufriedenes Leben zuteil. Schwein-Geborene sind rücksichtsvoll und mitfühlend. Sie empfangen Verwandte, Freunde und Menschen in Not stets mit offenen Armen.

Schwein-Geborene sind auch außerordentlich fleißig, denn sie wissen, daß Friede und Sicherheit einem nicht in den Schoß fallen und daß Muße und Vergnügen das Ergebnis von entschlossener Anstrengung sind. Für gewissenlose Menschen ist es freilich nur allzu leicht, das Schwein auszunutzen.

Die Wertschätzung, die dem Schwein in China entgegengebracht wird, spiegelt sich auch in der Tatsache wider, daß das chinesische Schriftzeichen für «Heim» ein Dach mit einem Schwein darunter darstellt.

Wie seinem Komplementärzeichen, dem Hund, ist dem Schwein das häusliche Leben sehr wichtig. Während der Hund sich aber auf das Gebäude konzentriert – es wetterfest und einbruchsicher macht –, ist es dem Schwein wichtiger, einen Ort der Zufriedenheit zu besitzen. Während der Hund sicherstellt, daß es nicht durch das Dach regnet, sorgt das Schwein dafür, daß alle sich am heimischen Herd willkommen fühlen.

Schwein-Geborene sind von Natur aus sehr gesellig und haben einen buntgemischten Freundeskreis. Aber sie stürzen sich nicht gerne ins Nachtleben, sondern empfangen lieber zu Hause Gäste. Schwein-Geborene sind ausgezeichnete Hausmänner bzw. -frauen und kochen hervorragend. Obwohl sie gute Küche schätzen, sind sie beruflich eher selten in der Gastronomie tätig. Sie fühlen sich eher zu sozialen Berufen hingezogen.

Wenn das Schwein jedoch das Geschäftsleben vorzieht, sind die Bereiche Polstermöbel, Küchengeräte, Inneneinrichtung und alles, was mit der Umwandlung eines Hauses in ein Heim zu tun hat, geeignete Arbeitsplätze.

WER IST DER IDEALE PARTNER DES SCHWEINS?

Während ein Schwein-Geborener ein wertvoller Partner für jemanden sein kann, der einen Hausstand gründen und Kinder großziehen möchte, ist er ein schlechter Reisegefährte für abenteuerlustige Gesellen, da er sich ständig Sorgen macht, zu Hause könne etwas passiert sein.

Das Schwein braucht jemanden, der die Annehmlichkeiten, die ein schönes Heim bieten kann, schätzt und dabei hilft, daraus einen Ort zu machen, an dem man sich gerne aufhält. Leider ist das Schwein häufig kein guter Menschenkenner. Nehmen wir beispielsweise die Schlange und den Drachen. Die Schlange mag zwar einen gewissen hypnotischen Reiz besitzen und der Drache durch seinen erfolgreichen Lebensstil faszinieren, aber mit ihnen sollte der Schwein-Geborene nicht den Rest seines Lebens verbringen. Auch vom Tiger oder Affen sollte er die Finger lassen. Der Tiger ist viel zu autoritär und einengend, der Affe zu unzuverlässig

Wenn für das Schwein ein glückliches Familienleben an erster Stelle steht und die Karriere eher zweitrangig ist, dann ist der ideale Partner ein anderes Schwein. Der Hund folgt dicht darauf. Schweine, die sich eine große Familie wünschen, sollten sich für ein Schaf oder einen Hasen als Lebenspartner entscheiden. Für das Schwein, dem sein Beruf und frische Ideen wichtig sind, könnten der zuverlässige Ochse oder der anregende Hahn in Frage kommen.

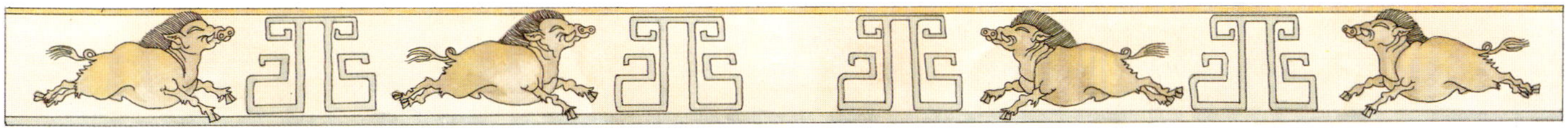

Wie die zwölf verschiedenen Persönlichkeitstypen zum Schwein passen

Schwein und Ratte 鼠

Diese beiden Persönlichkeiten scheinen in jeder Hinsicht so verschieden zu sein, daß Außenstehende sich vielleicht fragen, wie aus ihnen überhaupt Liebende werden konnten. Doch wir haben es mit zwei zufriedenen Menschen zu tun, die in der Gesellschaft des anderen glücklich sind. Wie bei den meisten Paaren gibt es auch bei ihnen Auseinandersetzungen und Mißverständnisse, die aber die grundlegende Stabilität der Partnerschaft nicht beeinträchtigen. Das Liebesleben von Schwein und Ratte ist lebendig und abwechslungsreich.

Schwein und Ochse 牛

Der Ochse ist der ideale Gefährte für das Schwein, das manchmal die Unterstützung und Ermutigung eines willensstarken Partners braucht. Gleichgültig, ob finanzielle oder praktische Hilfe oder eine Stärkung des Selbstbewußtseins benötigt wird, der Ochse kann all dies geben. Das Schwein bringt dem Ochsen dafür all die Liebe, Zuneigung und Hingabe entgegen, nach der dieser sich sehnt. Zwar mag es scheinen, als führten Schwein und Ochse ein langweiliges Leben, aber ihnen ist es am liebsten so.

Schwein und Tiger 虎

Es leuchtet ein, daß sich das Schwein zu dem charismatischen Tiger hingezogen fühlt, aber man fragt sich doch, wie es dieses Paar schafft, so lange zusammenzubleiben. Der Tiger verkehrt zwar mit anregenden Menschen, sehnt sich aber gleichzeitig nach der Ruhe und Gelassenheit, die das Schwein zu bieten hat. Damit die Partnerschaft überlebt, muß der Tiger darauf achten, daß er das Schwein nicht überrollt. Das Schwein hingegen muß erkennen, daß der Tiger auch außerhäusliche Interessen hat.

Schwein und Hase 兔

Diese Beziehung ist eine der erfolgreichsten und befriedigendsten, die das Schwein haben kann. Es steht zu erwarten, daß dieses Paar viele glückliche, gesunde Kinder haben wird. In körperlicher Hinsicht ist die Beziehung abwechslungsreich und befriedigend. Bei den beiden gehen wahrscheinlich ständig Besucher ein und aus, welche die von den beiden geschaffene, Zufriedenheit ausstrahlende Atmosphäre genießen.

Schwein und Drache 龍

In dieser Partnerschaft gibt es etwas, was dem Glück der beiden im Wege steht – vielleicht ist es der beträchtliche Altersunterschied, vielleicht auch die unterschiedliche soziale Herkunft. Es wird immer Dinge geben, die die Partner nicht wirklich miteinander teilen können. Der Drache sollte sich nicht zu sehr auf das Schwein stützen, denn es gibt Zeiten, in denen das Schwein selbst Ermutigung und Unterstützung braucht. Es würde auch nicht schaden, wenn der Drache seine Zuneigung dem Schwein-Partner gegenüber deutlicher zum Ausdruck brächte.

Schwein und Schlange 蛇

Diese Beziehung gehört nicht zu den befriedigendsten. Wenn die beiden Partner feststellen, daß sie den anderen als Rivalen betrachten, ist es an der Zeit, ein ernstes Gespräch zu führen. Es kann auch sein, daß geklärt werden muß, was sich die beiden von der Partnerschaft erhoffen. Damit die Beziehung gelingt, müssen Schlange und Schwein lernen, zu geben und nicht nur zu nehmen.

Schwein und Pferd 馬

Diese beiden Charaktere sind so selbstgenügsam, daß man sie sich nur schwer überhaupt in einer Beziehung vorstellen kann. Dennoch gibt es in dieser Partnerschaft viel Zuneigung, und das Liebesleben läßt keine Wünsche offen. Schwein und Pferd vertrauen einander uneingeschränkt. Wenn überhaupt etwas fehlt, dann ist es der Sinn für das Rätselhafte und für Überraschungen, durch die das ursprüngliche Feuer am Leben gehalten werden kann. Die beiden sollten versuchen, einen Hauch von Aufregung und Romantik in ihr Dasein zu bringen.

Schwein und Schaf 羊

Die Beziehung zwischen Schwein und Schaf gleicht einem Idyll. Schafe sind die idealen Partner für Schwein-Geborene, die einem beschaulichen und geregelten Leben den Vorzug geben und sich auf eine Familie freuen, in der es möglichst wenig Ärger und Wirbel gibt. Das Schaf überläßt gerne alles den fähigen Händen des Schweins und leistet Unterstützung, wann immer diese benötigt wird. Ihre Liebe füreinander deckt all ihre emotionalen und körperlichen Bedürfnisse ab. In dieser Partnerschaft gibt es Zärtlichkeit, Romantik, Leidenschaft und Zuneigung, und die Partner haben auch Freude an ihren Kindern, die von einem so stabilen Elternhaus nur profitieren können.

Schwein und Affe 猴

Obwohl Schwein und Affe beliebte Figuren in der chinesischen Literatur sind, gelten sie traditionell als Feinde. Einem alten chinesischen Sprichwort zufolge gibt es immer Tränen, wenn das Schwein den Affen trifft. Wenn diese beiden Charaktere zusammenbleiben wollen, müssen sie bereit sein, Zugeständnisse an die Eigenheiten des anderen zu machen, und diesem viel Anteil- und Rücksichtnahme entgegenbringen. Das Schlüsselwort lautet hier «Kompromißbereitschaft».

Schwein und Hahn 鷄

Obwohl Schwein und Hahn nicht das ideale Paar sind, können beide großen Gewinn aus dieser Beziehung ziehen. Am besten ist es, wenn der Hahn der männliche Partner ist. Die Romantik steht wahrscheinlich eher im Hintergrund, aber beide bemühen sich, an Geburtstage und besondere Anlässe zu denken, die stilvoll begangen werden. Trotzdem können Schwein und Hahn den Eindruck haben, es fehle etwas in ihrem (Liebes-)Leben. Sie müssen lernen, ihre Gefühle mitzuteilen, sonst könnten sie sich langsam auseinanderleben.

Schwein und Hund 犬

Das ist die ideale Beziehung für zwei junge Menschen, die gemeinsam etwas aufbauen möchten und einer unsicheren Zukunft entgegenblicken. Sie dürfen aber nicht erwarten, daß ihnen alles in den Schoß fällt. Der Hund wird seine besonderen Gaben dazu verwenden, ein solides und sicheres Heim zu schaffen, während das fürsorgliche Schwein die Familie hegen und pflegen wird. Ihre Verbindung ist sowohl emotional als auch körperlich erfüllend. Gleichgültig, welche Hindernisse sich in den Weg stellen, ihre Zuneigung und Verbundenheit sind von Dauer.

Schwein und Schwein 豬

In der Regel passen Menschen mit demselben Tierzeichen zueinander, und dafür gibt es keinen besseren Beweis als dieses Paar. Die gegenseitige Zuneigung ist tief, das Glück und die gute Laune der beiden sind ansteckend. Schwein-Partner werden vielleicht nie reich, denn dazu sind sie zu großzügig, aber ihren Kindern wird es nie an etwas mangeln, da die Bedürfnisse des Nachwuchses immer Vorrang haben. Gleichgültig, was ein Schwein-Geborener von der Beziehung erwartet – Romantik oder Leidenschaft –, ein Schwein-Partner kann es ihm geben.

Allgemeine Tabelle der Tierjahre

Anhand dieser Tabelle können Sie Ihr Tierzeichen ermitteln, wenn Sie nach dem 20. Februar oder vor dem 20. Januar Geburtstag haben. Wenn Sie vor dem 20. Januar geboren wurden, ist Ihnen das Tierzeichen des Vorjahres zugeordnet. Wenn Sie zwischen dem 20. Januar und dem 20. Februar Geburtstag haben, verwenden Sie bitte die spezielle Tabelle der Tierjahre auf Seite 109.

Ratte	1900	1912	1924	1936	1948	1960	1972	1984	1996	2008	2020
Ochse	1901	1913	1925	1937	1949	1961	1973	1985	1997	2009	2021
Tiger	1902	1914	1926	1938	1950	1962	1974	1986	1998	2010	2022
Hase	1903	1915	1927	1939	1951	1963	1975	1987	1999	2011	2023
Drache	1904	1916	1928	1940	1952	1964	1976	1988	2000	2012	2024
Schlange	1905	1917	1929	1941	1953	1965	1977	1989	2001	2013	2025
Pferd	1906	1918	1930	1942	1954	1966	1978	1990	2002	2014	2026
Schaf	1907	1919	1931	1943	1955	1967	1979	1991	2003	2015	2027
Affe	1908	1920	1932	1944	1956	1968	1980	1992	2004	2016	2028
Hahn	1909	1921	1933	1945	1957	1969	1981	1993	2005	2017	2029
Hund	1910	1922	1934	1946	1958	1970	1982	1994	2006	2018	2030
Schwein	1911	1923	1935	1947	1959	1971	1983	1995	2007	2019	2031

Spezielle Tabelle der Tierjahre

Das chinesische Neujahr ist beweglich und fällt immer spätestens auf den 20. Februar. Wenn Sie also **am oder nach** diesem Datum Geburtstag haben, finden Sie Ihr Tierzeichen in der **dritten** Spalte der folgenden Tabelle links von Ihrem Geburtsjahr. Wenn Sie jedoch **vor** dem Neujahrsdatum geboren wurden, haben Sie noch das Zeichen des Vorjahres. Lesen Sie die Tabelle deshalb bitte folgendermaßen:

Suchen Sie zuerst Ihr Geburtsjahr in der Spalte ganz rechts, und finden Sie dann das Datum des chinesischen Neujahrs für dieses bestimmte Jahr heraus.

Wenn Sie **vor** dem chinesischen Neujahr geboren wurden, ist Ihnen das Tierzeichen der Spalte ganz links zugeordnet. Ansonsten ist Ihr Tierzeichen das neben Ihrem Geburtsjahr aufgeführte.

Wenn Sie vor dem chinesischen Neujahr geboren wurden	**Chinesisches Neujahr**	**Wenn Sie am oder nach dem chinesischen Neujahr geboren wurden**	**Ihr Geburtsjahr**
Ratte	19. Febr.	Ochse	1901
Ochse	8. Febr.	Tiger	1902
Tiger	29. Jan.	Hase	1903
Hase	16. Febr.	Drache	1904
Drache	4. Febr.	Schlange	1905
Schlange	25. Jan.	Pferd	1906
Pferd	13. Febr.	Schaf	1907
Schaf	2. Febr.	Affe	1908
Affe	22. Jan.	Hahn	1909
Hahn	10. Febr.	Hund	1910
Hund	30. Jan.	Schwein	1911
Schwein	18. Febr.	Ratte	1912
Ratte	6. Febr.	Ochse	1913
Ochse	26. Jan.	Tiger	1914
Tiger	14. Febr.	Hase	1915
Hase	3. Febr.	Drache	1916
Drache	23. Jan.	Schlange	1917
Schlange	11. Febr.	Pferd	1918
Pferd	1. Febr.	Schaf	1919
Schaf	20. Febr.	Affe	1920
Affe	8. Febr.	Hahn	1921
Hahn	28. Jan.	Hund	1922
Hund	16. Febr.	Schwein	1923

Wenn Sie vor dem chinesischen Neujahr geboren wurden	Chinesisches Neujahr	Wenn Sie am oder nach dem chinesischen Neujahr geboren wurden	Ihr Geburtsjahr
Schwein	5. Febr.	Ratte	1924
Ratte	25. Jan.	Ochse	1925
Ochse	13. Febr.	Tiger	1926
Tiger	2. Febr.	Hase	1927
Hase	23. Jan.	Drache	1928
Drache	10. Febr.	Schlange	1929
Schlange	30. Jan.	Pferd	1930
Pferd	17. Febr.	Schaf	1931
Schaf	6. Febr.	Affe	1932
Affe	26. Jan.	Hahn	1933
Hahn	14. Febr.	Hund	1934
Hund	4. Febr.	Schwein	1935
Schwein	24. Jan.	Ratte	1936
Ratte	11. Febr.	Ochse	1937
Ochse	31. Jan.	Tiger	1938
Tiger	19. Febr.	Hase	1939
Hase	8. Febr.	Drache	1940
Drache	27. Jan.	Schlange	1941
Schlange	15. Febr.	Pferd	1942
Pferd	5. Febr.	Schaf	1943
Schaf	25. Jan.	Affe	1944
Affe	13. Febr.	Hahn	1945
Hahn	2. Febr.	Hund	1946
Hund	22. Jan.	Schwein	1947
Schwein	10. Febr.	Ratte	1948
Ratte	29. Jan.	Ochse	1949
Ochse	17. Febr.	Tiger	1950
Tiger	6. Febr.	Hase	1951
Hase	27. Jan.	Drache	1952
Drache	14. Febr.	Schlange	1953
Schlange	3. Febr.	Pferd	1954
Pferd	24. Jan.	Schaf	1955
Schaf	12. Febr.	Affe	1956
Affe	31. Jan.	Hahn	1957
Hahn	18. Febr.	Hund	1958
Hund	8. Febr.	Schwein	1959
Schwein	28. Jan.	Ratte	1960

Wenn Sie vor dem chinesischen Neujahr geboren wurden	Chinesisches Neujahr	Wenn Sie am oder nach dem chinesischen Neujahr geboren wurden	Ihr Geburtsjahr
Ratte	15. Febr.	Ochse	1961
Ochse	5. Febr.	Tiger	1962
Tiger	25. Jan.	Hase	1963
Hase	13. Febr.	Drache	1964
Drache	2. Febr.	Schlange	1965
Schlange	21. Jan.	Pferd	1966
Pferd	9. Febr.	Schaf	1967
Schaf	30. Jan.	Affe	1968
Affe	17. Febr.	Hahn	1969
Hahn	6. Febr.	Hund	1970
Hund	27. Jan.	Schwein	1971
Schwein	15. Febr.	Ratte	1972
Ratte	3. Febr.	Ochse	1973
Ochse	23. Jan.	Tiger	1974
Tiger	11. Febr.	Hase	1975
Hase	31. Jan.	Drache	1976
Drache	18. Febr.	Schlange	1977
Schlange	7. Febr.	Pferd	1978
Pferd	28. Jan.	Schaf	1979
Schaf	16. Febr.	Affe	1980
Affe	5. Febr.	Hahn	1981
Hahn	25. Jan.	Hund	1982
Hund	13. Febr.	Schwein	1983
Schwein	2. Febr.	Ratte	1984
Ratte	20. Febr.	Ochse	1985
Ochse	9. Febr.	Tiger	1986
Tiger	29. Jan.	Hase	1987
Hase	17. Febr.	Drache	1988
Drache	6. Febr.	Schlange	1989
Schlange	27. Jan.	Pferd	1990
Pferd	15. Febr.	Schaf	1991
Schaf	4. Febr.	Affe	1992
Affe	23. Jan.	Hahn	1993
Hahn	10. Febr.	Hund	1994
Hund	31. Jan.	Schwein	1995
Schwein	19. Febr.	Ratte	1996
Ratte	7. Febr.	Ochse	1997

Wenn Sie vor dem chinesischen Neujahr geboren wurden	Chinesisches Neujahr	Wenn Sie am oder nach dem chinesischen Neujahr geboren wurden	Ihr Geburtsjahr
Ochse	28. Jan.	Tiger	1998
Tiger	16. Febr.	Hase	1999
Hase	5. Febr.	Drache	2000
Drache	24. Jan.	Schlange	2001
Schlange	12. Febr.	Pferd	2002
Pferd	1. Febr.	Schaf	2003
Schaf	22. Jan.	Affe	2004
Affe	9. Febr.	Hahn	2005
Hahn	29. Jan.	Hund	2006
Hund	18. Febr.	Schwein	2007
Schwein	7. Febr.	Ratte	2008
Ratte	26. Jan.	Ochse	2009
Ochse	14. Febr.	Tiger	2010
Tiger	3. Febr.	Hase	2011
Hase	23. Jan.	Drache	2012
Drache	10. Febr.	Schlange	2013
Schlange	31. Jan.	Pferd	2014
Pferd	19. Febr.	Schaf	2015
Schaf	8. Febr.	Affe	2016
Affe	28. Jan.	Hahn	2017
Hahn	16. Febr.	Hund	2018
Hund	5. Febr.	Schwein	2019
Schwein	25. Jan.	Ratte	2020
Ratte	12. Febr.	Ochse	2021
Ochse	1. Febr.	Tiger	2022
Tiger	22. Jan.	Hase	2023
Hase	10. Febr.	Drache	2024
Drache	29. Jan.	Schlange	2025